魂のメッセージをキャッチすれば
あなたの望む人生が手に入る

エナジーカードの魔法

エネルギー創造アーティスト
ミラアトラクション

SB Creative

Prologue
はじめに

エネルギーって何?

エネルギーは
この世のすべてのものに宿っています。
質の高いプラスのエネルギーを上手に取り込めると、
自分が本当に生きたい道に進めたり、
運が回り始めます。
新しい自分になる扉が開けます。

エネルギーは
取り込める、つくれる！

エネ魂

“エネ魂《たま》”は誰もが持っているエネルギーの玉であり、あなたの魂の部分。ただ、人によって質にバラつきがあります。この本では質の高いエネ魂をつくる方法を紹介します。

エネルギーを取り込めないのはこんな人

誰もが簡単に受け取れるエネルギーなのに、思考や今の環境が原因でうまく取り込めていない人がたくさん。まさに宝の持ち腐れでもったいない！

- 毎日、時間に追われている
- イライラすることが多い
- 「どうせできない」と思い込んでいる
- 些細なことで落ち込みやすい
- 人のことが気になってしまう

取り込む

5つのワークで
運の基礎トレをします

まずは、プラスエネルギーを取り込めるようになるためのワークを5つご紹介。誰でもすぐできるワークで、エネルギー感度を上げます。

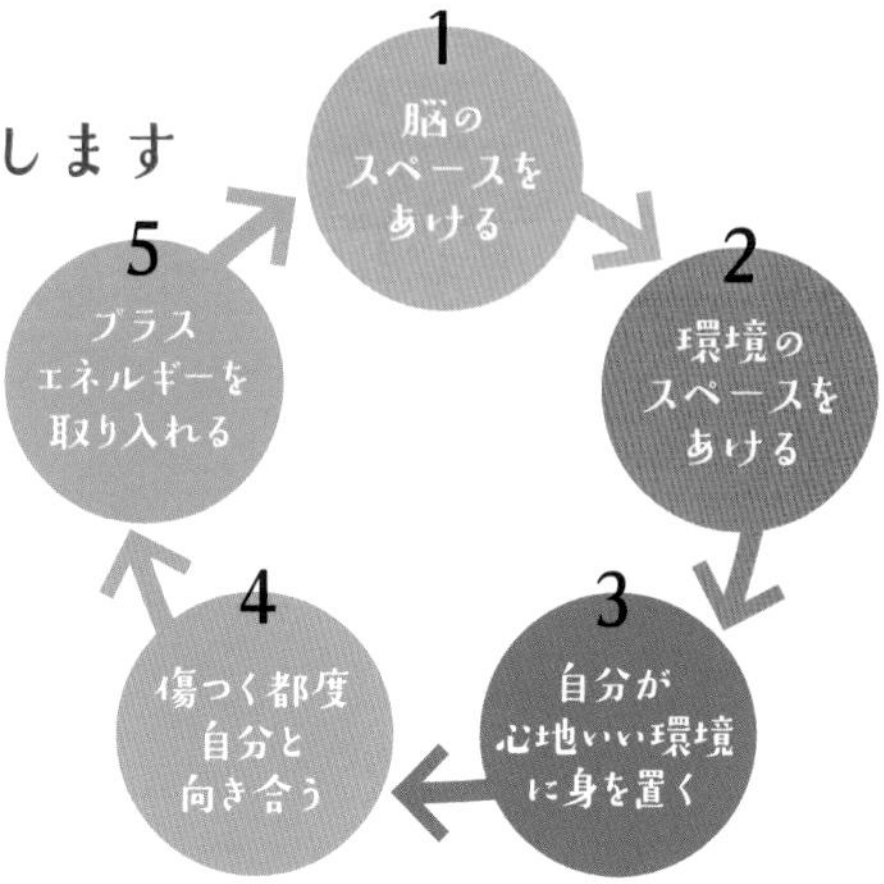

つくる

8枚のカードで
エネルギーをつくります

エネルギーが封入された「ミラエナジーカード」を使うことで、自分が望むエネルギーをあなた自身でつくり出すことができます。

Contents
目次

Chapter 1
運の基礎トレ 5つのワーク

Chapter 2

エナジーカードのすごいチカラ

Chapter 3
エナジーカードで願いを叶える！ —レシピ集—

エネルギーを受け取りやすい
自分に変わる第一歩。
今日からできる
5つの簡単なトレーニングで、
運がみるみる開きます。

Chapter 1

運の基礎トレ
5つのワーク

プラスに導くエネルギーに
チューニングを合わせる方法

「エネルギーを受け取るのって、特別な人じゃないとできないんでしょ？」
「瞑想したり、自己を高める訓練をしないと受け取れないんでしょ？」
「常に受け取れるように集中していないといけないんでしょ？」

答えはどれもＮＯです！

エネルギーのイメージというと、たったひとつのすごいエネルギーが突然、自分に降りてくる奇跡……みたいなものを考えていませんか？

実はすでにあなたはエネルギーを持っています。あなただけでなく、この世の中のすべてにエネルギーは宿っています。ただ、エネルギーにもさまざまな質があって、低波動なままだと、〝エネ魂〟も低波動となりあなた自身も停滞してしまいます。

質の高い高波動のプラスのエネルギーにするには自分で変えていかなければいけません。例として、ラジオを思い浮かべてください。数あるラジオの周波数の中で自分が聴きたい番組にチューニングを合わせるように、高波動な周波数に自ら合わせていく感覚です。チューニングが合うと心地よかったり、これまで気にならなかったものが気になるようになったり、人間関係が変化したりと、いつもとは違う感情や気持ちが生まれます。

そして、高波動のプラスエネルギーにチューニングが合えば、エネ魂も磨かれて、同じ高波動のエネルギーを持った人が集まってきます。

それではどうすれば、プラスのエネルギーを受け取り変化していけるのでしょうか。訓練も集中も必要ありません。ただ、チューニングを合わせやすくするための、ちょっとしたコツと挑戦してほしいワークがあります。そのコツさえ掴めれば、誰でも変わることができるのです。

その簡単なワークをこれから紹介します。

５つのワークを繰り返し行い エネルギー感度を上げてメンテナンスする

「ワーク」なんて言うと、ちょっと難しそうとか、大変そうとか思いませんか？

大丈夫、心配しないでください。私が教える「ワーク」は〝エネルギーを受け取りやすくするための心掛け〟くらいの感覚です。

誰でも今日からすぐに始められる簡単なワークを行うことで、自分に合ったエネルギーをキャッチできる体質になりましょう。

これから紹介するワークは１から５まで順番になっていますが、１から始める必要はありません。自分がやりやすいと思ったものから取り組んでください。でも、５つすべてのワークに一度は取り組んでみましょう。すぐにできなくても、時間がかかっても構いません。繰り返し繰り返し、ワークを続けることで、自然に感度が上がり、自分に合うエネルギーを受け取りやすい体質になっていきます。

５つのワークについて、おすすめの取り組み方を伝授しますね。まず、５つのワークについてザッと読んでみてください。あなたが一番、当てはまるものはどれでしょうか？　ワーク１の「今、忙しすぎて自分の時間がまったくない！」かもしれませんし、人によっては、ワーク４の「過去の傷ついた思い出が記憶の底に眠っている」かもしれません。当てはまった人は、そのワークから取り組んでみてください。やれるところからで大丈夫！

どれも当てはまらなかったという人は、読んでみてなんとなく気になった、少しここの要素が足りないかな……なんて思ったワークからチャレンジして。そんな気軽な感じでやってみてほしいんです。「ワークをやらないとエネルギーが受け取れない」「自分を変えないといけない」という思い込みが生まれると、エネルギーが受け取りにくくなり本末転倒になってしまいますから！

このワークは、何度でも試してほしい大切な５つです。エネルギーが受け取れるようになってからでも、「ちょっとエネルギーが落ちている」「なんとなく調子が悪いな」と思ったならメンテナンスのつもりで取り組んでください。

WORK 1

脳のスペースをあける

「やらなければいけないこと」を考えず自分が好きなことだけ考えて、脳をゆるます

「脳のスペース……って、なんのこっちゃ!?」と思ったかもしれませんが、私たちの脳みそは大人になるにつれて、いろいろな情報でパンパンになっています。家族のこと、恋人のこと、友達のこと、ご近所付き合いなどの人間関係から、仕事のことと家事のことなど、今日やらなければいけないタスクで頭がいっぱいになりがち。

この仕事を終えたら、あの仕事をあそこまで手をつけて、19時までに会社を出て、スーパーに寄って夕飯の準備をして、あれをしてこれをして、24時までには寝たいけど、翌朝6時には起きなくちゃいけなくて、その後、お弁当を作りながら朝食を用意して……などなど、朝起きてから、夜寝るまで脳はフル回転です。

そこに仕事や人間関係、ＳＮＳチェック、ネットリサーチなど、新しい情報がどんどん入ってきます。こうなると脳のスペースは常に満タン状態で、エネルギーを受け取るスペースがなくなってしまいます。

人は誰しも楽しいことを考えたり、心からウキウキする状況にいると、日常の「やらなければいけないこと」から一度離れて、その楽しみで脳が満たされます。でも、この満たされている状態では、なかなかエネルギーの入るスペースがありません。ワクワク感を経て、少しクールダウンしたときが最も脳のスペースがあいているとき。数年前の私の場合で言えば、スーパーの半額コーナーでのワクワクを経て、「今日は何を食べよう」と少し落ち着いたタイミングがそれでした。

私が初めてエネルギーを受け取ったのはスーパーの魚売り場、それもよく行く近所のスーパーのでした。当時、節約専業主婦だった私は、スーパーの入り口付近にある半額コーナーをのぞくのが一番の楽しみで、そこで「お得なものを見つけるぞ！」というワクワク感があったんです。そんな高揚感を得た後に、食べることが好きな私は「今日は何を食べようかな」と好きなことを自由に考えられたのが、ちょうど、店内の奥にある魚売り場。ここに来ると、不思議とこれまで自分では考えることもないような言葉が脳に入ってくるという体験を何度もしたのです。

例えば、当時、嫌な思いをさせられた知人がいたのですが、その人に対して「心の中で〝ありがとう〟と毎日言いなさい」という言葉が脳に降ってきました。半信半疑でやってみたら、その知人から突然、謝罪されて関係が修復したのです。

ツッコミどころ満載かもしれませんが、私自身もツッコんでいました。「なんで、魚売り場やねん!?」って（笑）。でも、これは脳のスペースがあく、最高の環境だったんです。

例えば、大好きなアーティストのライブを観に行ったとします。ライブ中の興奮状態を経て、余韻にひたっている帰り道などは、まさにエネルギーを受け取るのにぴったりの状況です。

もっと身近でも構いません。私のように買い物に行ったり、自宅で大好きな俳優が出ているドラマを観た後に幸せな余韻にひたりながら、お茶を飲んでいる時間でも脳はゆるみ、スペースが生まれます。

つまり、日常の「やらなければいけないこと」で脳がパンパンだと、なかなかエネルギーを受け取るスペースがないのです。自分が好きなことや、ワクワクすることを体験した後の、幸せな少しのゆるみ時間が必要。

それはどんな些細なことでも構いません。日常の中で少しだけ幸せな気持ちになれる時間をつくってみましょう。そのときに脳のスペースがあき、エネルギーを受け取りやすい状態になります。

POINT

▼日常の「やらなければいけないこと」から一度、離れる時間をつくる
▼幸せなこと、ワクワクすることを考える・体験する
▼ワクワク後の幸せなゆるんだ時間がエネルギーを受け取るベスト状況

WORK 2

環境のスペースをあける

テレビ、SNS、ゲーム…惰性でやっていることをやめて、環境をできるだけシンプルにしていく

私がエネルギーを受け取り始めたとき、突然、これまで気にならなかったテレビの音をうるさく感じたり、毎日やっていたスマホのゲームをしなくなりました。そこから自然とSNSにも興味がなくなり、友人に「いいね」を返すことや細かくスマホをチェックするのもやめてしまいました。

「なんとなく」観ているテレビ。「なんとなく」続けているゲーム。「なんとなく」チェックしているSNS。これらは、自分がやりたいと選択しているのではなく、ただ執着している場合が多いです。自分にとって本当に必要なものなのかを判断し、いらなければ手放すことで身のまわりの環境がシンプル化されスペースができ、エネルギーを受け取りやすくなります。

例えるならば、スマホのメモリと一緒。

たいして使わないアプリをどんどん入れていくと、容量が無駄に増えて重くなり動作が遅くなります。これと同じで自分を取り巻く環境に必要がないものが増えるほど、身動きがとりづらくなり、本当に必要なものが入らなくなるのです。

他にも、部屋やクローゼットなど住環境がごちゃごちゃしているのも要注意。特に盲点なのがキッチンの冷蔵庫。奥の方で期限切れの調味料が眠ってないでしょうか。多くの時間を過ごす住環境が乱れているのも、エネルギーの受け取りを邪魔する要素です。

スマホを見る時間を決める、着ていない服を断捨離する、冷蔵庫の不要な調味料を捨てる。簡単なことからでいいので、環境をすっきりさせてみましょう。

POINT

▼「なんとなく」でやっていることをやめてみる
▼身のまわりの環境をできるだけシンプルにしてみる
▼自分が今、何に執着しているかを見つけ、手放す

WORK 3

自分が心地いい環境に身を置く

今、一緒にいる人、よくいる場所が自分にとって本当によいとは限りません

今、あなたを取り巻く人間関係や環境は「心地いい」と感じられますか？

一緒にいると疲れる人、なぜかネガティブな気持ちになってしまう人が近くにいたりしないでしょうか。

生きていくうえで誰とも関わらないことは難しいものです。

職場の上司や同僚、学校の仲間、ママ友やご近所付き合いなどがあるでしょう。

でも、その付き合いの中で居心地の悪さや疲れを感じるようであれば、実はそこはあなたがいる場所ではないのです。


プラスのエネルギーを受け取ると、なんとなく居心地の悪さを感じていた人間関

係に対して、はっきりとした違和感を覚えるようになります。これはチューニングがずれたという印。人はエネルギーが変わると周波数が変わるため、これまで一緒にいた人と合わなくなったり、物理的に会えなくなったりします。これは転機の兆候。チャンスの可能性が高いです。

そうなったら一度、人間関係を見直してください。

これまでの関係性や今後の利害関係を考えて、人はなかなか人間関係を手放すことができないものです。でも、違和感があるようなら、少しずつ距離を置くようにしましょう。最初は不安でしょうが、周波数が変わるとあなたが居心地いいと思える新しい相手と自然と出会うことができます。

思い切って行動を起こすことで、運気を上げる環境を掴むことができるのです。

POINT

▼周りの人間関係が自分にとって心地いいものかを改めて確認する
▼違和感を覚えるようなら、思い切って距離を置く
▼これまでの人間関係を手放すことで、居心地のいい場所が見つかる

WORK 4

傷つく都度、自分と向き合う

大人になると蓋をしがちな〝傷つき〟を きちんと認めて自分で癒やしてあげましょう

子どもの頃は悲しいことや傷ついたことがあると、泣いたり怒ったり素直な感情を出していたはずなのに、大人になるにつれて、ありのままの感情に蓋をしようとします。それは傷ついたことを周りに知られたくない、心配をかけたくない、もしくは自分自身が認めたくない……。さまざまな理由から、本当の感情を押し込めて生きようとします。

笑いに変えたり、自虐に走ってしまって、傷口に無理やり塩をぬり込む行動をとる人もいるかもしれません。私もそのタイプでした（笑）。

この行為を私は「テーブルにこぼした牛乳」だと思っています。こぼした牛乳って、後々、すごいニオイを発しますよね！　テーブルに牛乳をこぼしてしまったとき、その場で拭かず、こぼしたことを隠すためにテーブルクロスをかけてごまかしてしまうと、そのときはいいですが、時間が経つにつれてどんどん嫌なニオイがしてきて、最終的には根腐れを起こしてしまうことに。つまり臭さ倍増です。

人の感情も同じで、傷ついたことや悲しかったことがあれば、「自分は今、とても傷ついている」ときちんと認めて、自分をいたわってあげてください。そうすると、傷ついた感情は癒やされ、手放すことができるのです。

まずは、傷ついたことを認めてあげるだけでもいいでしょう。押し込めてきた自分の感情を素直に出すことを意識的にトライしてみてください。

POINT

▼ネガティブな感情が湧いたら押し込めたりごまかしたりしない
▼傷ついたことやネガティブな感情を認めてあげる
▼認めることで、感情の手放しが早くなる

WORK 5

プラスエネルギーを取り入れる

ワクワクすることを積極的に取り入れて自らをステージアップさせていく

今、あなたをワクワクさせるものはありますか？　ジュエリーでも、好きなアーティストでも、ドラマでもジャンルは問いません。「これを見ているとワクワクする」というものをどんどん取り入れてください。

周波数が変わると、これまで興味のなかったものに突然、興味を覚えたり、物が欲しくなることがあります。それは、あなたがエネルギーを受け取り、変わっていくステップです。ここで「無駄遣いだから」とか「行動を起こす時間がないから」などと言い訳をしてワクワクを見過ごさないで！

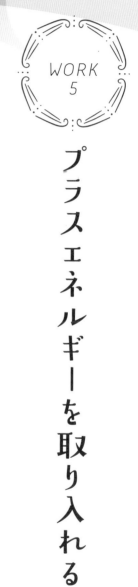

自分が心から欲する物はあなたにとってプラスのエネルギーとなり、新たな扉を開いてくれます。

私の場合だと、突然、ストーンブレスが欲しくなりました。当時は自分のために使えるお金はほとんどなく、3000円のストーンブレスを買うのも、かなり悩む節約ぶり。でも、どうしても諦め切れず思い切って買ったことがきっかけで、大きく人生が変わりました。ひとつストーンブレスを買ったら、ストーンの勉強がしたくなったり。数珠つなぎのようにワクワクすることが続き、それをお金や時間がないことを言い訳にせず、素直に取り入れたことで、今の仕事が形になりました。

自分がワクワクすると思うもの、楽しいと思うものは躊躇《ちゅうちょ》せずに取り入れてください。そうすると、プラスのエネルギーが降りてきて、これまでよりも一段、ステージアップした自分になることができます。

POINT

▼今、自分がワクワクするものは何かを考えてみる
▼ワクワクするものはお金も時間も惜しまず手に入れて
▼プラスのエネルギーはあなたをステージアップさせる

Column 1
ミラの人生が好転した話

エネルギーを受け取る↓パワーストーンを触り始める↓注文が入る↓仕事になる↓エネルギーが循環して人生激変！
私のウソみたいなホンマの好転人生バナシを聞いてください

コラムではいつもの YouTuber ミラの感じでお話しさせてもらいます！　今は「エネルギー創造アーティスト」として活動していますが、エネルギーを受け取るまではフツーの専業主婦でした。それも自分にお金も時間も余裕をかけられないギリギリの生活。でも、第一の転機はエネルギーを受け取り、どうしてもパワーストーンが欲しくなり購入。おまけに買うだけ

じゃ満足できずに、自分でストーンブレスを作りたくなるんですよ。もう、びっくりな変化ですわ。

第二の転機はＳＮＳにパワーストーンの写真をアップし始めたこと。それまで家族写真とかあげていたのに、いきなり石の写真の連続。「おかしなことを始めた」と狭い人間関係の中で話題騒然になり、引き潮のごとく友達が減りました。でも、減った分、疎遠だった友達から「私にも作ってほしい」と連絡が来るようになったんですね。ここで自分に必要な人間関係が自然と出来上がったんです。

第三の転機は自分の能力に対価をつけたこと。それまでは材料費だけでストーンブレスを作っていましたが、自分でもダウジングを学び知識を得たうえで作るようになったので、リーディング料をプラスしたんです。高くなったと去るお客さまもいましたが、それ以上に注文が殺到！

そして、今では好きな仕事で人を喜ばせ、お金も循環している。おまけに夢だった本まで出版！　もう、これから自分がどこまでいくのかめちゃワクワクですわ。

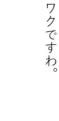

8枚のミラエナジーカードで今、
自分に必要なエネルギーがわかります。
見て触って感じるだけで、
あなたの“エネ魂”が輝き始める
きっかけになります。

Chapter 2

エナジーカードのすごいチカラ

運とエネルギーをつくる！
ミラエナジーカードで〝エネ魂〟を操ろう

5つのワークを繰り返し行ってプラスのエネルギーを受け取りやすい体質に変化してきたら、次に取り組んでいただきたいのは、この本の巻末についているミラエナジーカードに触れること。このカードは本を手に取っていただいたあなたに合ったエネルギーが受け取れるよう、1枚1枚エネルギーを込めて作りました。

今回、この本のために、私がオリジナルのミラエナジーカードを作った理由をちょっと聞いてくださいね。

何回もお伝えしていますが、エネルギーは特別な人しか受け取れないものではなく、誰でも受け取れます。ただ、せっかく受け取っても、そのままにしていると効果はあまりありません。でも、エナジーカードを使うことで自分に必要なエネルギーがわかり、循環するようになります。

8枚のカードにはそれぞれ意味があり、異なるエネルギーを持っています。まず、カードを切り離したら、1枚ずつ触ってみてください。「このカードを触るとなんだか心地いい」「熱さを感じる」「何も感じない」などいろいろな気持ちが浮かぶと思います。その中で「心地いい」と感じたカードがあれば、それが今、あなたに必要なエネルギーです。

だからといって無理に「心地がいいと感じるカードを見つけないと！」と思っちゃダメ。反対にその思い込みがエネルギーを遮断してしまいます。今、あなたが思うそのままでいいんです。このカードには正解も間違いもありません。

この章では8枚のカードの説明をします。カードで何か感じたものがあれば、そのカードの説明を読んでください。今のあなたを表しているはずです。何も感じなかった人は説明を読んで気になったカードを使ってみてください。使い続けていくうちに気になるカードが変化するかもしれません。そのときはあなたのエネルギーが変わった証拠。

こんなふうにエネルギーを身近に感じながら、かつ楽しんでもらいたいという願いが、ミラエナジーカードを作った理由です。

エネルギーをプロデュース！
〝エネ魂〟をピカピカにする方法

〝エネ魂〟はあなたが持っているエネルギーです。あなたの頭の上や体全体を柔らかい光がふんわりと包んでいる……そんな様子をイメージしてみてください。

エネ魂は誰もが持っていますが、浄化されピカピカなエネルギーもあれば、悲しみや妬《ねた》みが溜まっていて、少し濁っているようなイメージのものもあります。私がおすすめしたいのは、浄化したキレイなエネ魂を自分でつくって循環させる方法。自然と高波動のプラスエネルギーが集まり開運へと導かれます。

その具体的な方法をここで紹介しましょう。まずはミラエナジーカードからエネルギーを抽出して、エネルギーボールをつくり体に取り込む方法です。もうひとつは転写する方法。ミラエナジーカードのエネルギーを水に転写してそのまま飲めば、エネルギーが体に入りエネ魂が輝いていきます。カードのエネルギーでピカピカのエネ魂にしましょう！

“エネ魂”をピカピカにする方法

エネルギーをボールにする

8枚のカードの中から自分が取り込みたいエネルギーを持つカードを選びます。カードの上にボールが浮かんでいる様子を思い浮かべてください。このとき『鎮守の森』なら神社の鳥居など、カードのキーワードをイメージして。カードの上にあるエネルギーボールをこねるようにして飲んだり、抱きしめるようにして体に取り込みましょう。

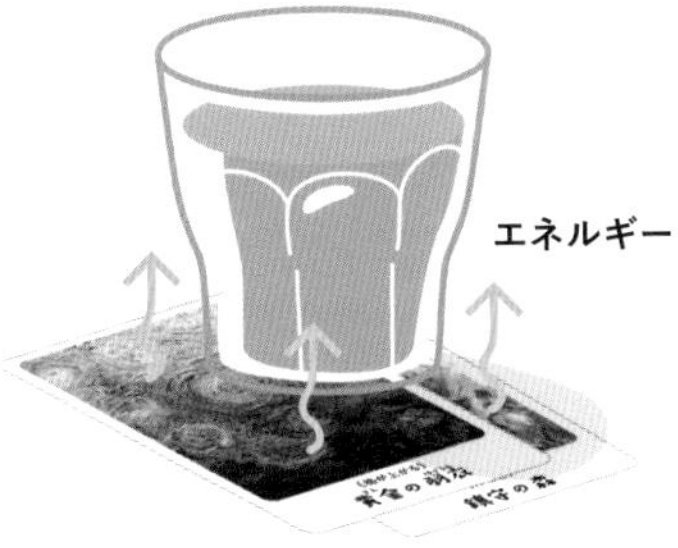

エネルギーを転写する

身近なものに転写して取り込む方法です。おすすめは水。自分が取り込みたいエネルギーを持つカードの上にペットボトルやコップに入った水を数分置いておきます。転写した水はそのまま飲んでもいいですし、料理やご飯を炊くのに使ってもOK。カードのイメージが水に転写される様子を思い浮かべるようにしてください。

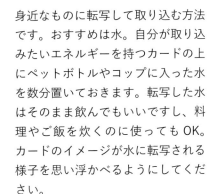

浄化①

鎮守の森

《浄化①》

鎮守の森

エネルギー変換のチカラ

エネルギーを切り替えて、良くない状況や環境をポジティブな方向に変換するカード。心を落ち着かせたいときや冷静になりたいときにも効果的です。悪いエネルギーを纏《まと》ってしまったあなたを浄化の森が包み、キレイに流してくれるでしょう。気分を変えたい、空気を変えたいというときに使ってほしいカードです。

イメージは神社の鳥居 神聖なエネルギーしか取り入れません

神社の鳥居をくぐった瞬間、自然と神聖な気持ちになったことはありませんか？その気持ちや空気感をイメージしてください。それはあなたのエネルギーが変わった証拠。『鎮守の森』は鳥居の役目を果たすカードです。神聖な空気にそぐわないものを取り払い、ネガティブなエネルギーをポジティブに変換してくれます。

例えば、今、望んでいない人間関係に苦しめられてモヤモヤしている人はぜひ、このカードを使ってください。学校や職場で陰口を言われていたり、苦手な人が身近にいる場合は、このカードを使うことで相手が鳥居の中に入ってこられず、少しずつ疎遠になったり、いつの間にか相手の方から去っていきます。ただ反対に、あなたは好きだけれど、あなたに合わないと『鎮守の森』のカードが判断した場合は、その人が去ってしまうこともあるでしょう。でも、それは今のあなたには必要のない人なのです。

KEYWORD

このカードを理解するためのキーワード

スイッチの切り替え　気分を変える

心変わりする　落ち着き　冷静になる

ネガティブバリケード　神聖

TODAY

カードを引いた今日のあなた

《 正位置 》

- ・集中して向き合う
- ・心を込めて接する
- ・話を真剣に聞いてもらうチャンス

《 逆位置 》

- ・疑うより信じる
- ・自分から近づく
- ・話しかけやすいムードを意識する

POWER

こんなときに使える、パワーを発揮する

正

意地悪をされたとき

神聖なバリアが張られ、意地悪する人、あなたにとって好ましくない人をバリア内に入れないようにします。そのうち、あなたが何もしなくても、自然と相手から離れていくでしょう。

正

向き合ってほしいとき

話を聞いてもらえない、ないがしろにされていると感じたとき、自らを神聖な存在に引き上げます。向き合ってほしい相手は、あなたを二番手でなく一番に考えるようになるはず。

正

集中したいとき

場の空気を整えて、ざわざわした雰囲気を取り除き磁場を神格化します。仕事での大事な会議では、参加者の心が同じ方向に向き、話がまとまりやすくなる効果も。

正

イライラするとき

エネルギーの切り替えを行うために、イライラしている状態から冷静な自分にスイッチを変換しましょう。神社の境内や鳥居をくぐった神聖な雰囲気をイメージしてみて。

逆

好きな人から連絡が欲しい

逆位置にすると、バリアを解くという意味があり、連絡が来やすい環境をつくります。カードをスマホなどの連絡ツールの下に置いたり、好きな人の写真と一緒に置くと効果が倍増！

逆

気になる人と仲良くしたい

正位置がバリアを張る効果がある一方、逆位置は話しかけやすいエネルギーを纏うことができます。仲良くしたい相手と会う日は逆位置のカードに触れ、柔らかい雰囲気を出して。

浄化②
容赦ない焔《ほむら》

《浄化②》
容赦ない焔《ほむら》

思い込みや念を焼き尽くす

悪習や悪癖、心の傷など魂が入っていて、なかなか自分の念が捨て切れないものを一気に焼き尽くします。ここでの〝焼き尽くす〟は、お焚《た》き上げという意味。自らの浄化のために悪い魂を焼く意識です。人によっては、カードに触れたとき熱を感じたり、過去の傷を思い出すなど、強い感情を持ちやすいカードでもあります。

人への執念や物への執着、封印していた傷を一気に焼き払い、浄化へ導いていく

人や物への執念や執着は知らず知らず魂に積もっていきます。例えば、好きな人から連絡が来なくてイライラしているのも執着。過去に傷ついた出来事や思い出さないように封印していたトラウマも執念のひとつです。また、「私はかわいくない」「周りよりも劣っている」「どうせ、やってもできない」などの不要な思い込み。人のＳＮＳが気になってスマホが手放せない、ゲームや動画から目が離せないという執着。これらはエネルギーの波動を下げてしまう原因です。そんな悪習や悪癖を手放したいときは『容赦ない焔』を使いましょう。念ごと焼き尽くしてくれます。

ただし、〝容赦ない〟ですから、焼かれるときに痛みが出る可能性もあります。封印していたトラウマが思い出されたり、隠していた心の傷が見えたり、悲しい感情が湧き上がったり。でもそれは好転反応。浄化前の苦しみです。

KEYWORD

このカードを理解するためのキーワード

焼き尽くす

執念・執着

お焚き上げ

好転反応

不要になった心の傷

手放し

TODAY

カードを引いた今日のあなた

《 正位置 》

- 心にケリをつける
- 障害を取り除く
- 依存しているものを手放す

《 逆位置 》

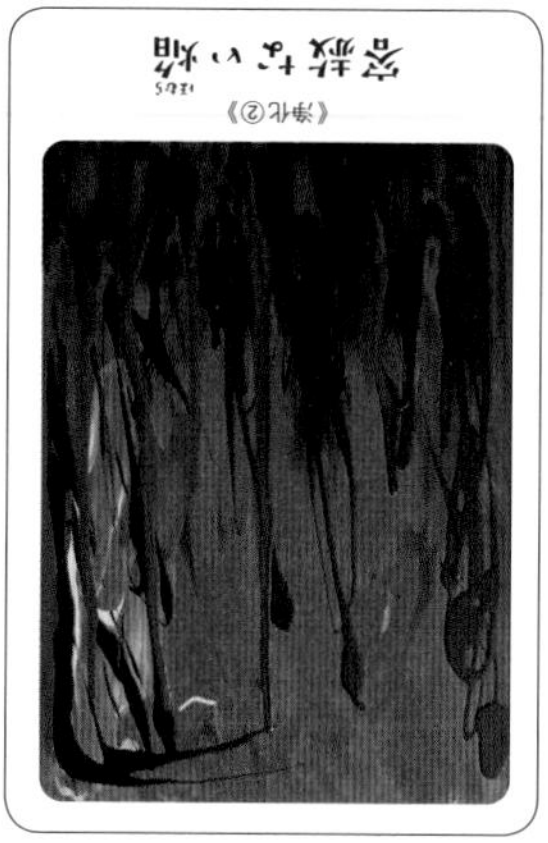

- ダメだったことにもう一度トライ
- 故障したものを修復する
- メンテナンスしてみる

POWER

こんなときに使える、パワーを発揮する

正

悪習・悪癖をやめたい

SNSやゲーム、たばこや過度な飲酒など、やめたいのになかなかやめられないのは執着が原因。悪習を繰り返してしまいそうなときはカードに触れ、執着を断ち切って。

正

良くない縁を切りたい

縁を切りたいと思う相手とあなたの間に縁の糸が繋がっている様子をイメージし、その糸が焼ける様子を思い浮かべて。ポイントは相手ではなくあなたと繋がる糸を焼くことです。

逆

もう一度チャンスが欲しい

完全に終わったもの、ダメになったものを取り戻す不死鳥エネルギーが備わっています。元恋人や絶交した友達との復縁や、一度はなくなった仕事を取り戻せる可能性があります。

正

忘れたいことがある

忘れたいのに何度も思い出すのは、頭の中に執着があるから。執着を手放すイメージをして頭をすっきりさせるように。一度では難しいかもしれないので、何度もトライしてください。

正

マインドブロックを解く

あなたが前に進む行動を引き止めてしまうのがマインドブロック。あなたにこびりついているマインドブロックを焼いて引きはがす様子を、頭の中でイメージしましょう。

逆

諦めない強さが欲しい

逆位置ではプラスの意味での執着という解釈があります。つまり、粘り強さや諦めないマインドを与えてくれるのです。途中で放り出したい気持ちになったときに使いましょう。

浄化③ ふるいの門番

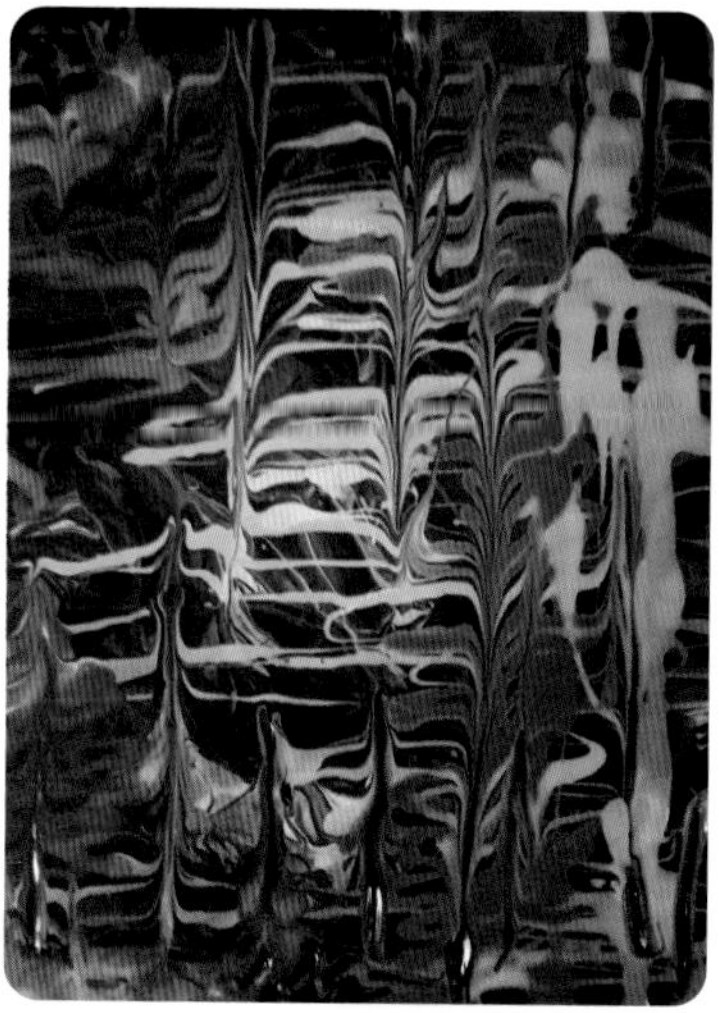

《浄化③》

ふるいの門番

本当に必要なものを厳選

自分には今、何が必要なのかがわかるカード。不純なものを取り除き、自らを研ぎ澄まし、魂を洗練させていきます。一流を目指したい、より高みを目指したい人におすすめ。もしくは、何から手をつければいいかわからないと悩んでいる人にも、周りの雑多なものをふるいにかけ、本当に必要なものを教えてくれるでしょう。

いらない人間関係や感情、物など不純物をふるいにかけ、自らを研ぎ澄ます

人は生きていると多くのものに取り囲まれます。人間関係、感情、物、行動、思考などたくさんのものがあなたの周りに溢れかえっている状態。余計なものに囲まれると、自分が本当に必要なものが見えなくなり、エネルギーが低下しがちです。『ふるいの門番』は確実に必要なものを見つけるために〝ふるいをかける〟カードです。『鎮守の森』は余計なものが自ら去るイメージですが、『ふるいの門番』は自分で必要なものがわかる気づきを得られます。

どんな仕事をすればいいのか、自分に何が向いているのかと悩んでいる人はこのカードを使ってみてください。また、周りから口を出されて人の意見に振り回されがちな人にも有効。周囲の不純物を取り除き、洗練された自分になるために必要なものが見えてくるでしょう。ただし、ふるいにかけた結果、それまで慣れ親しんでいたものを手放すことも。そのときは、それに執着しないようにしてください。

KEYWORD

このカードを理解するためのキーワード

本当に必要なものがわかる

断捨離

自らが気づく

選りすぐりのメンバー

研ぎ澄まされていく

TODAY

カードを引いた今日のあなた

《 正位置 》

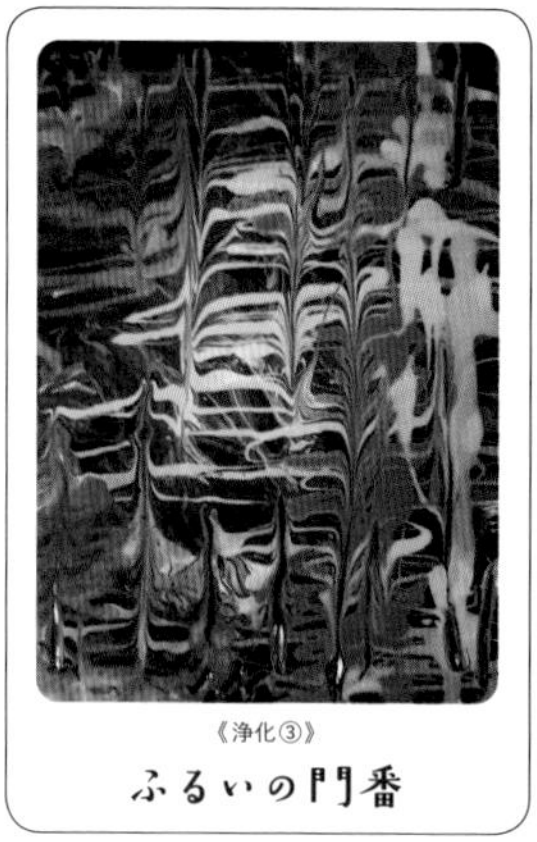

・引き受ける前によく考える
・無駄なものを省く
・断るべきときはきちんと断る

《 逆位置 》

・感情的にならないようにする
・伝えるときはシンプルを意識して
・鋭さを出すように

POWER

こんなときに使える、パワーを発揮する

正

最適な仲間を見つけたい

仕事でパフォーマンスを発揮できるメンバーを募りたい、趣味を思い切り楽しめる仲間が欲しい。そんなときはこのカードがふるいにかけて選りすぐりの仲間を集めます。

正

面倒な人と距離感を保つ

毎晩、飲みに誘ってくる上司や連絡が多すぎる姑や友達など、縁を切るほどではないけれど振り回されてしまう人と適度な距離感がとれます。過度な部分を取り除く効果が。

逆

無駄な行動・言動を減らす

余計なひと言や行動で周りから疎まれていると感じたら、このカードを使って。無駄な言動がそぎ落とされ、シンプル化されます。あなたも周りもラクになっていくでしょう。

正

必要なアドバイスが欲しい

選択肢が多く何を選べばいいかわからないとき、あなたが必要なアドバイスだけを受け取れるようになります。それはただ受け取るのではなく、自らが選べるようになるエネルギーです。

正 逆

無駄なものを省き効率化

あなたの前にフィルターがあるのをイメージしましょう。正位置の場合は相手から選りすぐりのものだけを受け取れ、逆位置の場合はあなたから無駄のないものを発信できます。

逆

洗練された人になりたい

このカードは余計なものがふるい落とされて、あなた自身がどんどん研ぎ澄まされていく効果があります。使うごとに洗練されていく感覚を掴むことができるでしょう。

インプット―聖なるスポンジ

《インプット》

聖なるスポンジ

吸収し、膨らませる

このカードはズバリ、スポンジのような効果を発揮します。スポンジは水や液体をみるみる吸収していくインプットの面と、吸収した洗剤の泡を膨らませ、広がりを助ける面があります。『聖なるスポンジ』は、この両面を持ち合わせたカード。知識や興味、縁をグングン引き寄せて、増幅させる力があるのです。

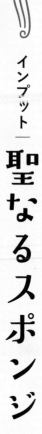

知識や学びたいことがどんどん頭に入り自分を高めるご縁も膨らんでいく

学びたいことや情報を集めたいことがあるときにもってこいのカード！　スポンジのごとく知識や情報をどんどん吸収して、自分の中に蓄える力があります。また、情報だけでなく、ご縁も引き寄せます。興味を持ったことに詳しい人や、自分を高めてくれる人を引き寄せる効果アリ。膨らませる力も備わっているので、仲良くなりたい人との会話が盛り上がり、一気に距離を縮めることができます。注意してほしいのは、泡は時間が経てば消えてしまう持続性がないもの。『聖なるスポンジ』で吸収して膨らませたなら、萎《しぼ》ませないよう形にする努力と行動を忘れないで。このカードはあくまで最初の一歩と思ってください。

裏技の使い方として、浄化のカード『容赦ない焔』を使っても思った効果が得られないと感じたなら『聖なるスポンジ』の逆位置を利用して。逆位置には吸い取る力があり、深いところに溜め込んだ涙や悲しみを吸収して改善へ導けます。

KEYWORD

このカードを理解するためのキーワード

※このカードは正位置、逆位置でキーワードが異なります。

- 逆 みるみる吸収する力
- 正 膨れ上がる
- 逆 受け取る力
- 正 足りないものを足す
- 逆 記憶力
- 逆 蓄える

TODAY

カードを引いた今日のあなた

《 正位置 》

- 楽しい計画を練る
- 仲間やお金を増やす
- 広めたいものを伝える

《 逆位置 》

- 知識を得る勉強が吉
- 貯金を始める
- 体に良いものをとる

オンラインサロン
「エネ魂アカデミー」

こんな人におすすめ

・自分の可能性をひろげたい方！
・人生をもっと楽しみたい方！
・ミラさんのファンの方！
・ミラさんからパワーをもらいたい方！
・エナジーカードを使ったレシピアレンジをもっと知りたい方
・本を購入した方と情報交換、横のつながりを持ちたい方

お申し込み方法

以下のQRコードから専用ページへアクセスしてください。
申込みページにて、お名前、メールアドレス等、
必要事項をご登録ください。
ご入会には、Facebookアカウントが必要です。
また、ご入会には、以下の秘密のコードが必要です。

※2020年10月末まで無料でご利用頂けます。
（クレジットカードでご登録頂いた方は、11月末まで無料）

今すぐお申込み >>
https://pay.aiprops-store.com/enetama_invitation/

秘密のコード
0915

※本プレゼント企画は、株式会社アイプロップスが実施するものです。
こちらに関するお問い合わせは、株式会社アイプロップスまでお願い致します。
お問い合わせ先　info@aiprops.jp

エナジーカードの魔法 購入者限定

専用オンラインサロン
無料特典！

オンラインサロン

「エネ魂アカデミー」

~~通常 3,000円（月額）~~ → **無料**（10月末まで）

通常3,000円（月額）のオンラインサロンを
「エナジーカードの魔法」をお買い上げ頂いた方
全員に、無料特典（2020年10月末まで）として、ご招待！
クレジットカードでご登録頂いた方には、
さらに1ヶ月プラス特典で、11月末まで無償！！
※ご利用には、Facebookアカウントが必要です。

オンラインサロンの詳細は、裏面をご覧ください！

POWER

こんなときに使える、パワーを発揮する

正

好きな人に近づきたい

片思いの人ともっと距離を縮めて仲良くなりたい。そんなときはカードを正位置で持ち、好きな人と話が盛り上がる様子を想像して。関係が膨らむエネルギーが受け取れます。

正

みんなを楽しませたい

イベントの企画や、パーティーの開催など人を楽しませたいときにも効果を発揮。スマホやパソコンなど連絡のためのツールにカードの写真を取り込んでエネルギーを蓄えてみて。

逆

学びたいことがあるとき

知識を吸収し自分の中に蓄えることが得意なカードです。より効果的に使うのなら勉強している本にカードを挟んだり、勉強中に机など見える位置に置いたりしてください。

正

自分に興味を持ってほしい

自分に注目を集めたり、SNSがバズったり、周りからの興味を引くことができます。ただし、泡のような一瞬の盛り上がりのため、持続性はないので気をつけてください。

正 逆

お金を循環させたい

正位置でお金を増やして、逆位置で蓄えるエネルギーを持ちます。増やすだけでなく循環させて大きな利益を得られるのがポイント。カードを横向きにして財布に入れましょう。

逆

体に良いものを吸収する

健康や美容のために体に良い要素を食べ物から効果的に摂取することもできます。食事中に良い要素が体に入るイメージをしたり、カードを食卓に置いてみましょう。

アウトプット―大地の荒《あら》魂《みたま》

《アウトプット》

大地の荒魂《あらみたま》

蓄積を形にする実行力

これまで溜めていた知識や考えを形にするアウトプット効果抜群。実行力があり、障害を乗り越えるブレイクスルーカードでもあります。エネルギーが強いカードなので、それまでの知識や行動、経験が伴っていないとまったく反応しない恐れも。基盤をしっかり整えたうえで使うと最大の威力を発揮するでしょう。

強いエネルギーで願いを実現化する すべてが整ったときに使えるラスボスカード

８枚のカードの中でも圧倒的なエネルギーを持つカード。自分の力を試したいときにサポートしてくれたり、逆位置で使うと強固な思い込みやマインドブロックを壊す力もあります。これまで蓄積した行動、思考の突破口となり、具体的な実現に向けて動き出すエネルギーを与えてくれる、いわばラスボス的な存在です。『聖なるスポンジ』で吸収した知識を『大地の荒魂』で形にするなど、セットで使ってほしい一枚。しかし、それほど強いエネルギーを持っていますから使い方も要注意。

例えば、試験に合格したいときに、勉強不足のままでカードを使っても何の反応もなかったり、嫌な思い込みを取り除きたいときに、自分に向き合わず嫌な理由を探る前にこのカードを使うと、反対に辛い思いが跳ね返ってきたり……。ある程度、土台を作ってから試してみてください。反応が薄いと思ったら、自分をもっと整える必要があるというお知らせ。何度もトライして、自分を高めていってください。

KEYWORD

このカードを理解するためのキーワード

溜めているものを出す

アウトプット

表現

ブレイクスルー

実行力

本質勝負

勢いが強い

TODAY

カードを引いた今日のあなた

《 正位置 》

- 覚悟を決める
- 本気でぶつかる
- 勢いがあるものが吉

《 逆位置 》

- 厳しめのレッスンを受ける
- 逆らえない力を受け止め成長する
- 荒療治

POWER

こんなときに使える、パワーを発揮する

正

本気でぶつかりたいとき

爆発するような強いエネルギーの勢いを借りて力を倍増することができます。ただし、本当に本気でないと効果は得られません。「ここぞ」というときにだけ使ってください。

正 逆

気力を得たいとき

正位置では起爆剤として、逆位置では怠けて気力が湧かないあなたに活を入れてくれます。カードをペットボトルの水の下に置き、転写して飲むと強いエネルギーが入ります。

逆

高みを目指し成長したい

よりレベルアップを望むなら、成長したい事柄を紙に書いてください。その紙の上にカードを置き、上に手を置いてみて。成長するために必要なレッスンが引き寄せられます。

正

自分の殻を破りたい

根拠のない思い込みなど自分の殻から飛び出したいときは、ブレイクスルーのエネルギーを使います。カードを持って殻を破るイメージを。繰り返しイメージすることが実現のカギです。

正 逆

弱い自分と決別したい

正位置では弱い部分をさらけ出し突破する強いエネルギーを使います。逆位置では、あなたを強くするためのスパルタモードに。弱い部分に活を入れて奮い立たせていきます。

逆

仕切り直したいとき

一度リセットしたいと思うことは誰にでもあるもの。そんなときにこのカードは有効。『容赦ない焔』はすべてをゼロにしますが、『大地の荒魂』はベースはそのまま再起動ができます。

育てる——いつくしみの大樹

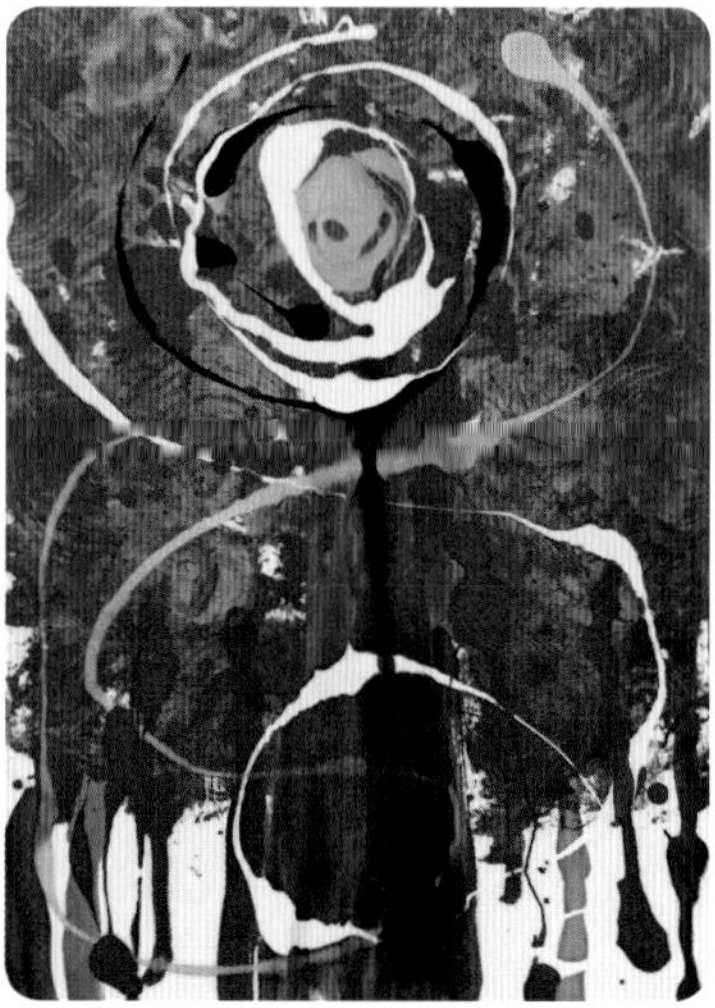

《育てる》

いつくしみの大樹

基盤をつくり自分軸を育てる

周りに振り回されグラグラしている土台を安定させ、自分の軸を持つ。樹は大きくなるほど大地に根をしっかり下ろします。大きくなるスピードはゆっくりではありますが、着実に葉を広げ成長していく。そんな大樹をイメージしたカードです。人間関係において信頼関係を築き、人脈を増やすのにも効果があります。

「じっくり着実」が合言葉。時間はかかるけれど揺るがない基盤を育み、信頼できる人間関係を築く

人脈を築きたい、今やっていることをもっと発展させたい。樹に例えると葉の部分がどんどん広がり、大きくなるイメージです。「自分がなくて、人の目や意見ばかり気になってしまう」「恋愛で相手に依存してしまいがち」、こんな人には樹の根っこ部分を育てて、ぶれないよう自分の軸をつくります。ただし、樹が成長するのに何年、何十年とかかるように、このカードの効果が得られるには少し時間がかかるかもしれません。『聖なるスポンジ』が瞬時に人脈を膨らます効果があるのとは逆で『いつくしみの大樹』はじっくり、確実に人脈を築いていきます。

はっきり言うと8枚のカードの中では一番、地味なポジション。成長するのに時間がかかり、同じことを繰り返し行うことも。いわゆる〝地道な努力〟というやつです。だからこそ、このカードを使えるようになってほしい！ 使えるようになったとき、あなたは揺るがない自信と安定した未来を手に入れられるはずですから。

KEYWORD

このカードを理解するためのキーワード

人脈を築く

軸を持つ

育てる

グラウンディング

発展させる

女性性

TODAY

カードを引いた今日のあなた

《 正位置 》

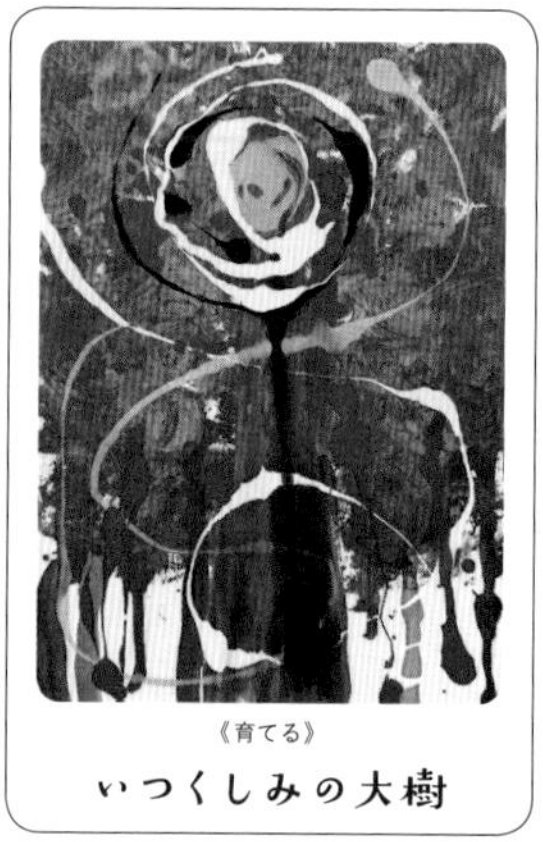

・すぐに結果を求めず大切に育てる
・将来性を考える
・自信を持つ

《 逆位置 》

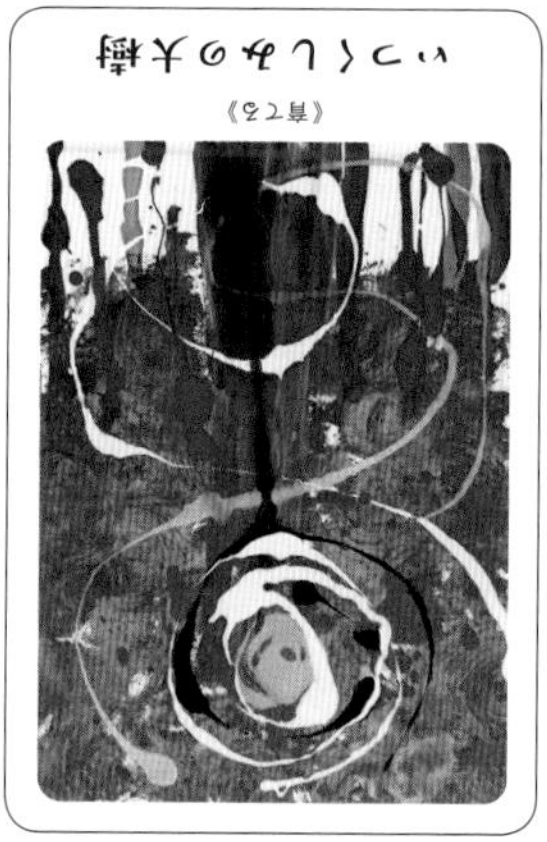

・考えすぎない
・スピードを大切に
・やるべきことをやる

POWER

こんなときに使える、パワーを発揮する

正

周りの目が気になり不安

周りの意見が気になったり、他人の目ばかり気にしているのは相手に依存している証拠。このカードを使うと相手ではなく、自分に軸を置けるので不安が減ってくるでしょう。

正

連絡がなくて気になる

好きな人や恋人、友人から連絡が減ったりなくなったりして不安になる理由は、自信がないから。カードのエネルギーで自分に自信が持てるようになると、自然と連絡が来るように。

逆

要領よくなりたい

慎重すぎて作業が遅い、要領が悪いと感じている人に効果的。無駄なものを省くエネルギーがあるので、行動や思考がどんどんシンプルになり、作業がスピードアップしていくでしょう。

正

信頼できる人脈を築きたい

信頼できる人から素晴らしい人を紹介されるなど、人が人を呼んで人脈が築かれます。仕事関係の人脈が欲しいなら手帳にカードを挟んだりするなど、仕事道具と一緒に行動させて。

正

長く続く集客力が欲しい

繋がりのエネルギーが強いため、長く続く集客が見込めます。集客に必要なSNSやスマホの連絡画面などを開き、その上にカードをのせると、より強いパワーを発揮します。

逆

今、やるべきことがわかる

数多くの案件の中、何から手をつければいいかわからないときに優先順位を示してくれます。今、自分が何をすべきかが明確になり、仕事や人間関係など複雑な状況を解消してくれます。

産む―はじまりの種

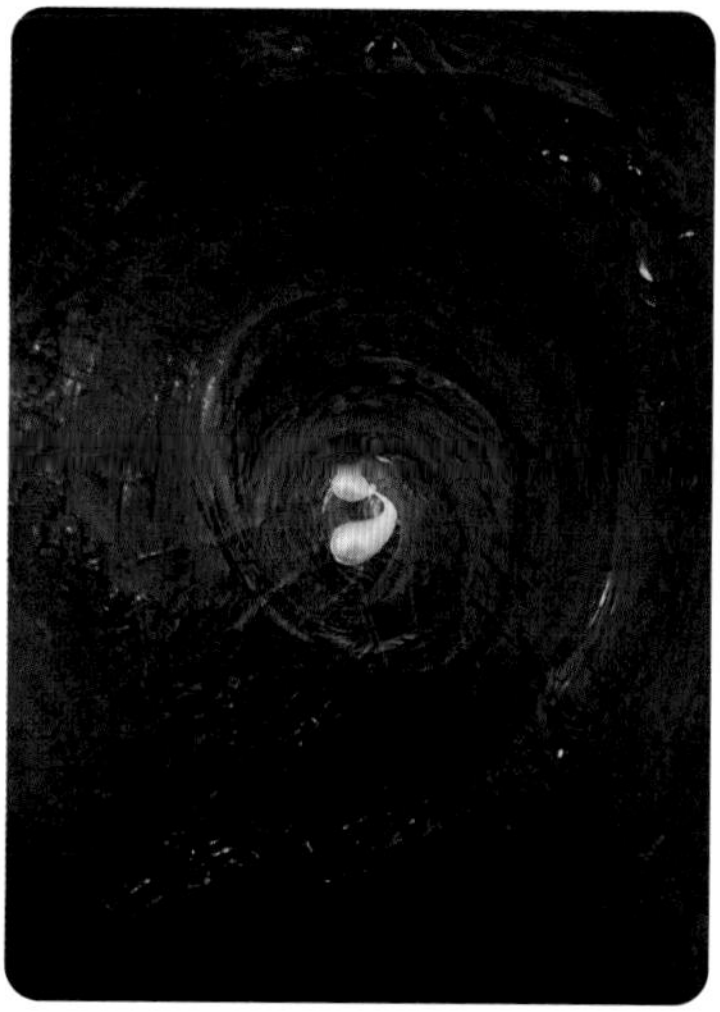

《産む》

はじまりの種

ゼロをイチにするチャンス

恋愛がしたいけれど、出会いがない。自分は何がやりたいのかがわからない。そんなときこそ『はじまりの種』があなたにエネルギーを与えてくれます。新しいことを始めたいと思ったときにこのカードを使えば、芽になる種を見つけることができるでしょう。一方で、芽が出ない人は、新たな気づきが得られることも。

最初の一歩が踏み出せる〝はじまり〟のカード
マンネリ化に対し新しい方向性も見出してくれる

何もないところから、何かを生み出したいときに効果的なカード。花を育てるには土と種が必要ですよね。あなた自身が土ならば、美しい花を咲かせるための種を与える役割を担います。何かしたいけれど、何をすればいいかわからない……。そのようなゼロベースの状態から、最初の一歩を踏み出せるアイデアやひらめきが生まれます。他にも、解決が見えない暗いトンネルを歩き続けているような人には、出口の方向を示してくれるでしょう。また、恋人やパートナーとの関係にマンネリを感じている人にも使ってほしいカード。新しい方向性を示す種が生まれます。

このカードの注意点は、種の種類はあなたが望むものとは限りません。歌手になるチャンスを掴みたいと思っていても、まったく違う方向性を打診されたり……。また、手ごたえを感じないときは、種が埋まる土壌じゃないのかも！ もっと自らを耕すために浄化を促される可能性もあります。

KEYWORD

このカードを理解するためのキーワード

チャンスを掴む

きっかけ

産む

“その時”を待つ力

ひらめき

負のスパイラルからの出口

TODAY

カードを引いた今日のあなた

《 正位置 》

- 直感を大切にする
- いつもと違う道を通る
- 今日から始めてみる

《 逆位置 》

- 自然消滅ではなく自分で終わらせる
- 種が植えられているかチェック
- 勘違いしていないか確認

POWER

こんなときに使える、パワーを発揮する

正

出会いが欲しい

カードを出会いの種だとイメージしてください。毎晩、寝る前に出会いたい相手を想像しながらカードに言葉をかけて。「おやすみ」などひと言でもOK。出会いの種を育てましょう。

正

アイデアが欲しい

ひらめきの強いカードです。朝、どんな天気でも窓を開けて、空の方向へカードを向けてエネルギーを吸収させて。その後は1日、アンテナを張り巡らしていればヒントが見つかるはず！

逆

片づけられるようになる

このカードで最後まで片づけができるエネルギーが手に入ります。ただし、一度では難しいため、繰り返し使うことがポイント。片づけられる自分に変わっていきましょう。

正

マンネリ化している

恋人との関係や友人、仕事などマンネリ化しているのはエネルギー不足が原因。トンネルの出口をイメージして、カードを眺めてください。必要なエネルギーを受け取りやすくなります。

逆

種が埋まっているかチェック

埋まっていれば新たな気づきがあったり、ひらめきがあるはず。もし、それが弱いと感じたら満月の夜にカードを窓辺に置いて。曇りや雨で月が見えなくてもエネルギーは入るので大丈夫。

逆

終わりを自分でつける

相手待ちの状態でなく自分でケリをつけるようになれます。その過程は辛いかもしれませんが、自分で終わらせることで、新しいものが入ってくるので心配しないで。

格が上がる

黄金《きん》の羽衣《はごろも》

《格が上がる》
黄金《きん》の羽衣《はごろも》

すべてのカードのエネルギーを増大

このカードは１枚だけでなく、他の７枚のカードにプラスしても使えます。『黄金の羽衣』をプラスすることで、各カードのエネルギーを膨れ上がらせ、ステージアップさせます。イメージは美しい羽衣を纏う姿。ステージアップまでいかなくても、いつもより少し頑張りたいというときは逆位置にして使うのがおすすめです。

自分をランクアップできるスペシャルカード ただし、使いこなせるようになるには努力が必要

8枚のカードの中でもスペシャルカードとして使ってほしいのが『黄金の羽衣』。プラスして使うことで、すべてのカードのエネルギーをステージアップさせる効果があります。例えば、『はじまりの種』にプラスすれば、種に肥料をあげるように自分のなりたい姿に引き寄せてもらえたり、『いつくしみの大樹』にプラスすれば憧れの人との人脈が持てたり。と言うと「それなら、最初から全部のカードにプラスすればいいじゃん！」と思うかもしれませんが、それは絶対にNG。まずは他の7枚のカードをきちんと使いこなせるようになってからプラスしてください。

パジャマの上にキレイなショールを巻いても、ちぐはぐで素敵には見えませんよね。それと同じで、土台をある程度、洗練させないと効果は出ないのです。このカードはスペシャルな分、使いこなすにはそれなりの努力も必要。ただ、使えるようになれば、ものすごい効果を発揮する切り札になるでしょう。

KEYWORD

このカードを理解するためのキーワード

格が上がる

ステージアップ

パワーアップ

エネルギーが増大

光を纏う

ゴージャスになる

TODAY

カードを引いた今日のあなた

《 正位置 》

・もうひと踏ん張り頑張ってみる
・誰かのバックアップをしてあげる
・華やかさを出す

《 逆位置 》

・正直に伝える
・ありのままで勝負
・弱い部分も見せる

POWER

こんなときに使える、パワーを発揮する

正

自分の魅力を引き出す

このカードは華やかさを出す威力があります。大切なデートの前に香水やアロマなど自分の好きな香りの上にカードを置いてエネルギーをプラス。香りを纏って出かけてみてください。

正

ワクワクしながら頑張りたい

頑張りの先に自分がワクワクするようなご褒美をもたらす力があります。自分の刺激のアンテナが敏感になったり、周りの人がワクワクを引き寄せてくれたり。やる気にも繋がるはず。

逆

素直な自分になる

意地を張りやすい人、弱音を吐けない人はこのカードで心の鎧を脱ぎ捨てます。夜、部屋を心地よい照明にして、瞑想をしたりリラックスできる空間の中、カードを手元に置いてみて。

正

人の力になりたい

サポートしたい人に羽衣をそっとかけて応援したり守ってあげるイメージをしてみてください。バックアップのエネルギーが強いカードなので、人の才能に力添えするパワーがあります。

正 逆

各パワーの補充

補充はこのカードの大きな役割。正位置だとプラスエネルギーの羽衣を纏わせる効果があります。逆位置だと『大地の荒魂』などの強いエネルギーを弱め、受け取りやすくします。

逆

疲れを取りたい

心身の疲れが溜まっていると感じたら、このカードを転写した水を飲んでください。アルコールが大丈夫であれば、ブランデーを１滴たらして飲むと、より効果があります。

Column 2

人生のステージをアップさせる話

目標は笑っちゃうぐらい
大きくていい！
エネルギーを味方につけて
新しい扉をガンガンノック

ただし、ボーっとしとったら扉は開きませんよってハナシ

　エネルギーを受け取った段階で、すでに人生のステージはアップしたんやけれど、使い方によってはもっともっとステージアップできるんです。「もっと高い目標がある」「理想の自分を目指したい」など、ステージアップを願っている人は自然と変化していくはずです。ミラもそのタイプで、例えば、新人で会社に入っても目標にするのは先輩でも上司でもなく会長。狙う

は一番偉い人です。この仕事が形になる前から、本を出したい、テレビにも出たいと無理な目標を立ててウキウキしてました。周りから見たら「アホちゃうか」と思われてたことが、今、実際に形になってきているんです。ミラが実践できているから、あなたもきっとできるはず！

ただね、なんもせんとボーっとしていたらステージアップはしません。エネルギーも実践して使わないと向上しないんです。エネルギーの実践って何やんねん？と思ったかもしれませんが、具体的に例をあげると、エナジーカードを何度も使って自分のモチベーションを上げたり浄化を進めたり。やりたいこと、ワクワクすることが見つかったら、学びを深めたり、知識を収集したり。エネルギーを使う経験をコツコツ積むことで、新しい扉が開いて、そうすると次の扉が見えてきてまた開く……。この繰り返しで人生はステージアップしていきます。

でも、無理は禁物。「もっと高みを目指さないといけないんだ」と自分に無理して思い込ませると、せっかく受け取ったエネルギーが低下してしまいます。自分が本当に望むときにだけ動いてください。

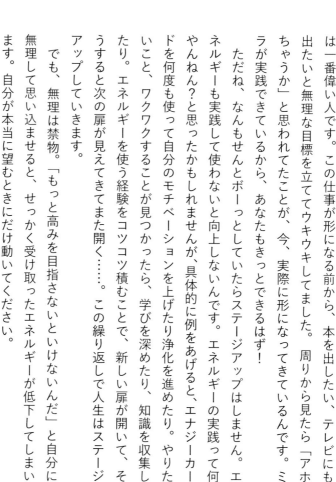

8枚のカードを実践的に使って、
「恋愛・お金・仕事・心・
人間関係」にまつわる
願いを叶えます。
あなたを幸せへ導くレシピ。

Chapter 3

エナジーカードで願いを叶える！
―レシピ集―

RECIPE 1

恋愛にまつわる願いを叶える

4つの悩みからアプローチ 原因に合わせたエネルギーを受け取って効果倍増

恋愛に悩んでいる人はとても多いと思います。私自身も結婚前は「なんでこうなるの！」「どうしてうまくいかへんの（泣）」と何度も枕を涙で濡らしたタイプだから、十分にわかります。

これから、さまざまな悩みにまつわるカードレシピを紹介しますが、まず、やってほしいことがあります。

それはカードを触るでもカードの知識を勉強するでもなく、まず、自分の頭で「何に悩んでいるのか」「その悩みの理由は何が原因なのか」を考えてほしいのです。

それはちょっと辛い作業かもしれません。自分の弱い部分や思い出したくない過去の恋愛を掘り起こさないといけない場面もあるでしょう。

カードに頼りすぎて、「使えば絶対に効果が出る」と思うのは要注意。必ず自分に一度向き合い、きちんと考えたうえで選択すると、それに合ったエネルギーが受け取れると考えてください。

自分の経験も踏まえてですが、恋愛においての４つの悩みと、その原因を考えてレシピを作りました。

・出会いのチャンスが欲しい
・彼からもっと連絡が欲しい
・好きな人とつながりたい
・元彼と復縁したい

４つの悩みに対する理由は人それぞれなので、どれにも当てはまらないことがあるかもしれません。その場合は自分なりの理由を見つけ出して、その理由にあてはまるキーワードを持つカードを選んで、使ってみてください。

出会いのチャンスが欲しい

恋愛したいけれど、そもそも好きな人がいない。出会いがない。そんな悩みを抱える人に、初めの一歩を踏み出すためのエネルギーレシピです。

うまくいっていない理由 ①

恋愛への苦手意識が強い

　苦手意識には、過去の恋愛や思い込みなどのマインドブロックがあるかもしれません。過去の恋に無意識にしがみついていたり、縁の糸に邪魔なものがついている可能性が。『容赦ない焔』でマインドブロックを焼き尽くして解除しましょう。『いつくしみの大樹』の逆位置で考えすぎない思考や、今、やるべきことが見えてくるようになるはずです。

浄化②

容赦ない焔

障害を取り除く

＋

育てる

いつくしみの大樹

考えすぎない

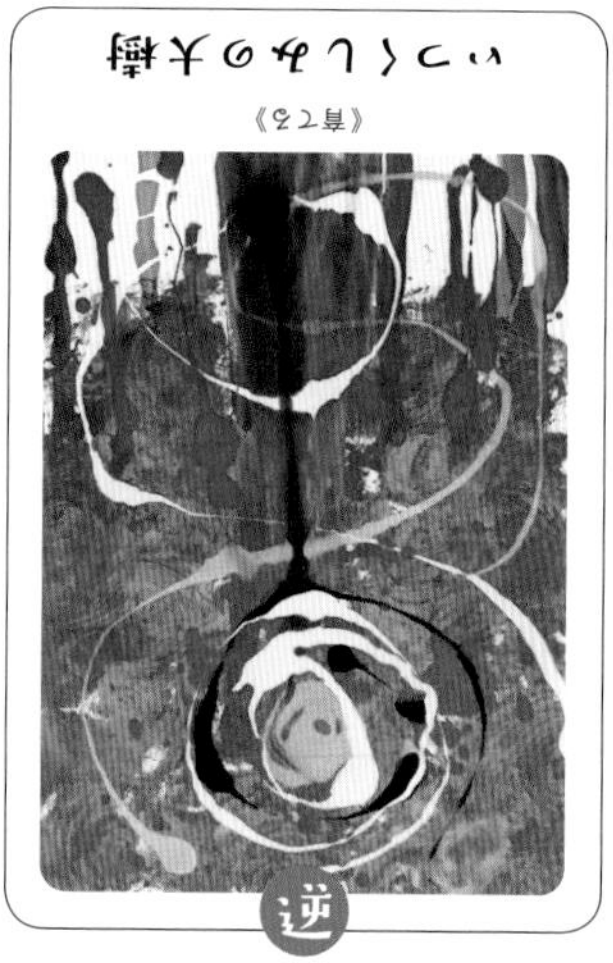

うまくいっていない理由②

バリアを張ってしまう

出会いは欲しいけれど、自分から動くことができず、いつまでも運命の出会いを待っている人はバリアが強い傾向が。『鎮守の森』を逆位置にして、バリアをゆるめて相手から近づきやすい雰囲気をつくりましょう。『いつくしみの大樹』で自信を育て、信頼できる人との出会いを呼びます。長続きするようなご縁が生まれるエネルギーを後押しできます。

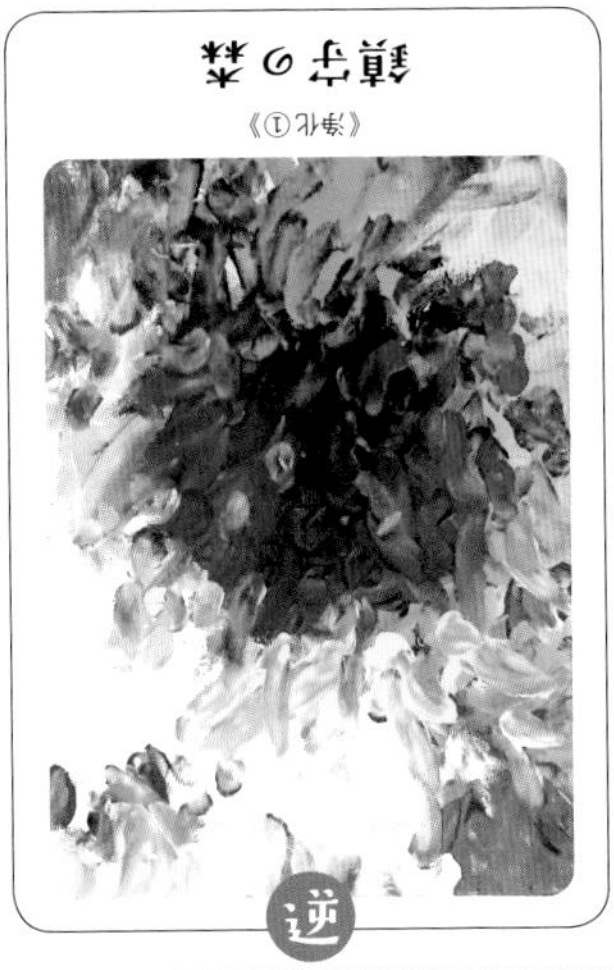

浄化①

鎮守の森

バリアを解く

＋

育てる

いつくしみの大樹

自信を持つ

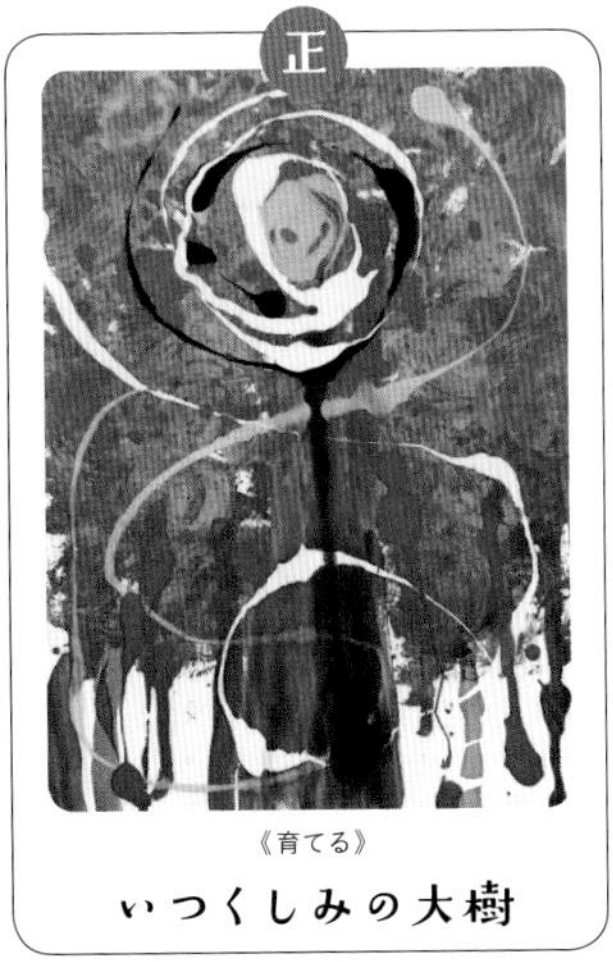

うまくいっていない理由③

そもそも、きっかけが掴めない

自分としては「やれることはやろう！」と前向きな気持ちはあるのですが、残念ながらきっかけや、恋の運命が回っていないということもあります。そんなときは『はじまりの種』で出会いのきっかけや、そのチャンスを掴めるようにします。きっかけが掴めたら『聖なるスポンジ』で会話を膨らませ、関係性が盛り上がるようなエネルギーをプラスします。

産む

はじまりの種

チャンスを掴む

＋

インプット

聖なるスポンジ

膨れ上がる

彼からもっと連絡が欲しい

恋人や気になる人から連絡が来なくて不安になってしまうときは、まず、「共通のカード」を使ってみて。それでもダメなら理由別で試してください。

みんなに共通のカード

悩んだら、まずはこの一手！

　連絡が来ないのは、彼にとってあなたが後回しになっている可能性が強い。そこで、まず試してほしいのがこの２枚です。『いつくしみの大樹』は彼との関係性にもっとどっしり根を下ろして、彼にとって大樹のような大きな存在になれます。『大地の荒魂』はエネルギーの強いカードですから、自らをアピールして注目を集める効果があります。

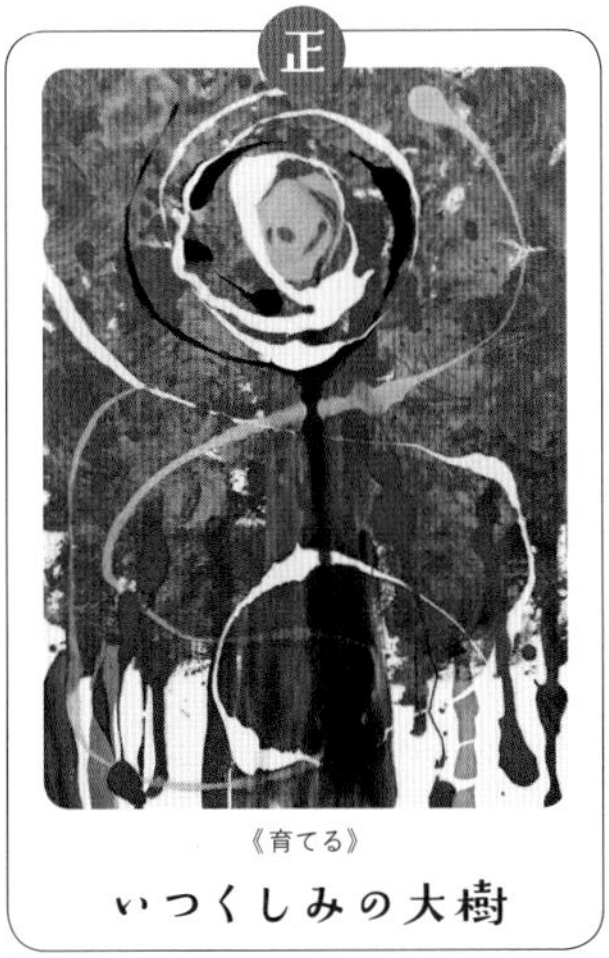

育てる

いつくしみの大樹

関係を築く

＋

アウトプット

大地の荒魂

表現

うまくいっていない理由①

なれ合い、ないがしろになっている

付き合いが長くなるとなれ合いになったり、あなたの存在が軽んじられてしまっているのかも。そんなときは『鎮守の森』のエネルギーで神聖さを纏《まと》い、空気を切り替え、彼にとって神聖な存在になれるようにします。そしてマンネリ化した関係を変化させるために『はじまりの種』でワクワクをプラス。2人の関係に新しい方向を示すことができます。

浄化①

鎮守の森

神聖

＋

産む

はじまりの種

ワクワクする

うまくいっていない理由②

重いオーラを出してしまっている

連絡を待ってしまうタイプは「こんなに我慢しているのに」とか、「自分から連絡もせずに相手の気持ちを尊重しているのに」と思っている人が多い。これは、いい子にしているようで執着が強く、相手に重いオーラを与えがち。まずは『容赦ない焔』で執着を焼き尽くし、オーラをすっきりさせたら『いつくしみの大樹』で新たな関係性を築き始めてください。

正

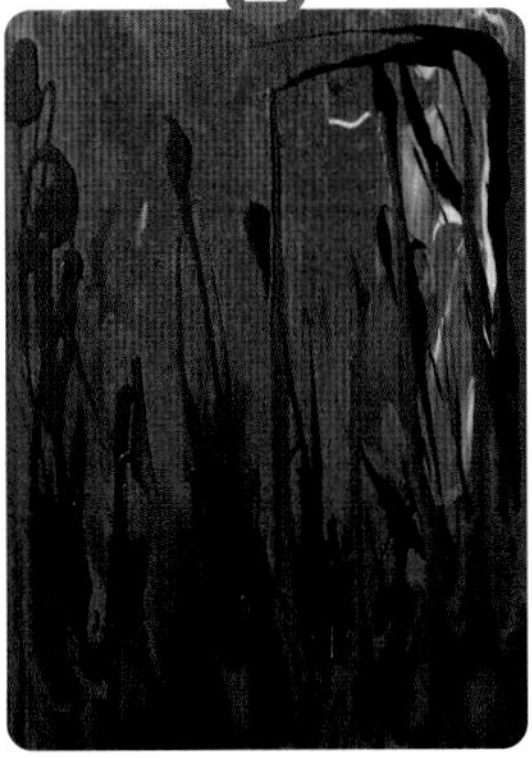

《浄化②》
容赦ない焔《ほむら》

浄化②

容赦ない焔

焼き尽くす

＋

育てる

いつくしみの大樹

関係を築く

正

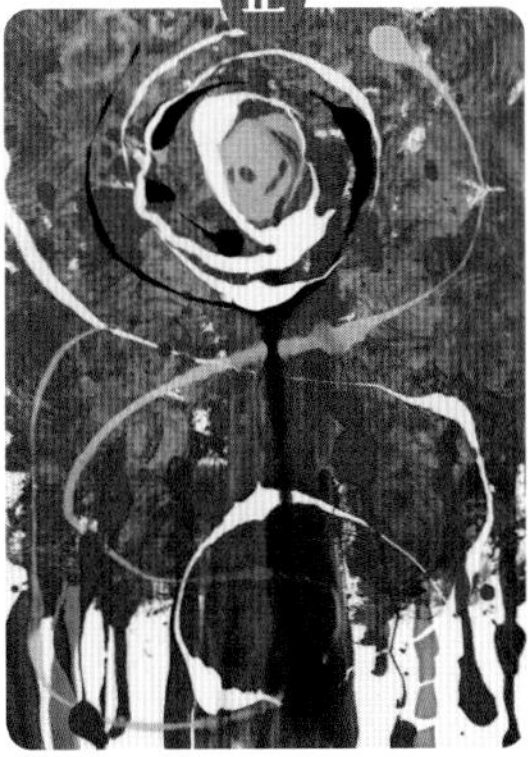

《育てる》
いつくしみの大樹

うまくいっていない理由③

エネルギーを与えられていない

恋愛はお互いがエネルギーを与え合うことで気持ちが満たされていきます。あなたがエネルギーを与えていないと、相手からも届きません。なので『大地の荒魂』で強いエネルギーを彼に送りましょう。ただ『大地の荒魂』だけだと強すぎるので『ふるいの門番』の逆位置でフィルターをかけて、心地のいいエネルギーだけが相手に届くようにしましょう。

アウトプット

大地の荒魂

エネルギーを出す

＋

浄化③

ふるいの門番

余計なものを取り除く

好きな人とつながりたい

好きな人はいるけれど、そこまで仲良くない。もっとご縁を深めて関係性を発展させたい。最初は『容赦ない焔』のカードからスタートしてみて。

みんなに共通のカード

悩んだら、まずはこの一手！

緑があまり繋がっていない理由を考えたとき、「彼はかっこいいけれど、私は地味な顔でつり合わない」「彼は立派な家柄だから、私なんて相手にしてくれない」など、自分で勝手に障害をつくっていませんか？　思い込みはご縁繋ぎを邪魔している可能性が。まずは『容赦ない焔』のカードで、思い込みやマインドブロックをキレイに焼いてしまってください。

正

《浄化②》
容赦ない焔《ほむら》

浄化②

容赦ない焔

焼き尽くす

それでも
ダメなら次頁へ

うまくいっていない理由①

お互いのことをあまり知らない

　連絡先を交換したばかりのときや、顔見知り程度の関係のときに効果的なレシピ。『はじまりの種』が話せるチャンスや、仲良くなる最初のきっかけを与えてくれます。きっかけを掴めたら、『聖なるスポンジ』で会話を膨らませたり、話題が盛り上がりそうな彼の情報を収集できるでしょう。彼とこれから楽しいことが膨らむように、とイメージしてください。

産む

はじまりの種

きっかけを掴む

＋

インプット

聖なるスポンジ

盛り上げる

うまくいっていない理由②

話せているけれど、もっと意識してほしい

雑談をしたり、会話はそこそこ盛り上がるけど、もっと女性として意識してほしい！　そんなときに有効なのは『いつくしみの大樹』。このカードは信頼できる関係性を築くだけでなく、女性性という意味も持ちます。女性らしさを出し、違った一面を彼に見せられるはずです。これでも不安な人は『黄金の羽衣』で、より華やかさやゴージャスさをプラスして。

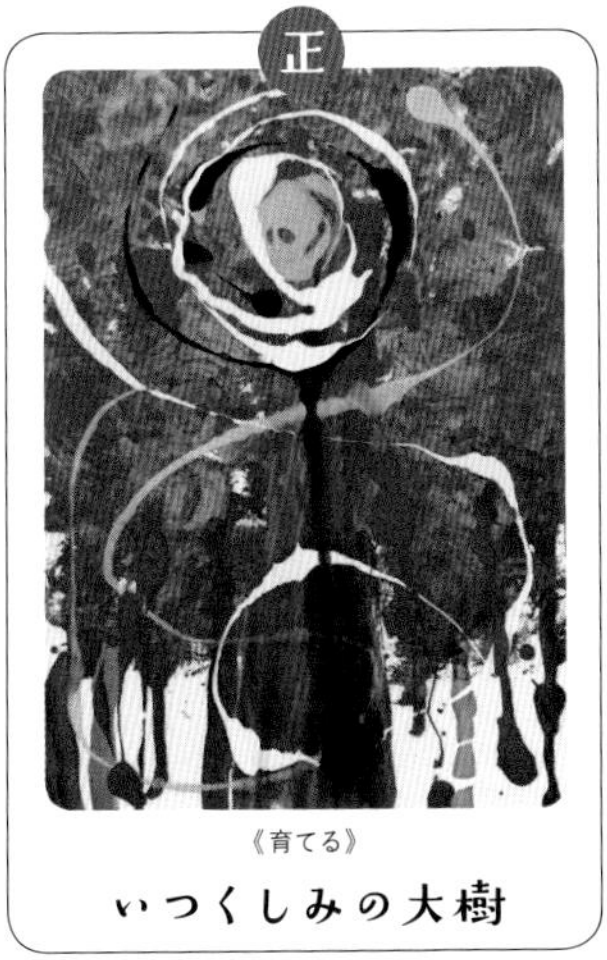

育てる

いつくしみの大樹

女性らしさ

＋

格が上がる

黄金の羽衣

華やかさ

元彼と復縁したい

どうしても忘れられない彼と復縁したい。リペアのエネルギーを持つ『容赦ない焔』のカードをベースに、２パターンのレシピを考えました。

別れてしまった原因 ①

彼にパートナーがいない場合

『容赦ない焔』の逆位置で関係の修復をはかります。彼が現在、フリーの場合は、またあなたと付き合いたくなるよう『聖なるスポンジ』で楽しさや優しさなどのエネルギーをプラス。

これでも足りないようなら『黄金の羽衣』の逆位置を。『黄金の羽衣』は逆位置にすると、ありのままや弱さの意味があるため、守ってあげたいと思われる要素を追加できます。

浄化②

容赦ない焔

リペア・修復

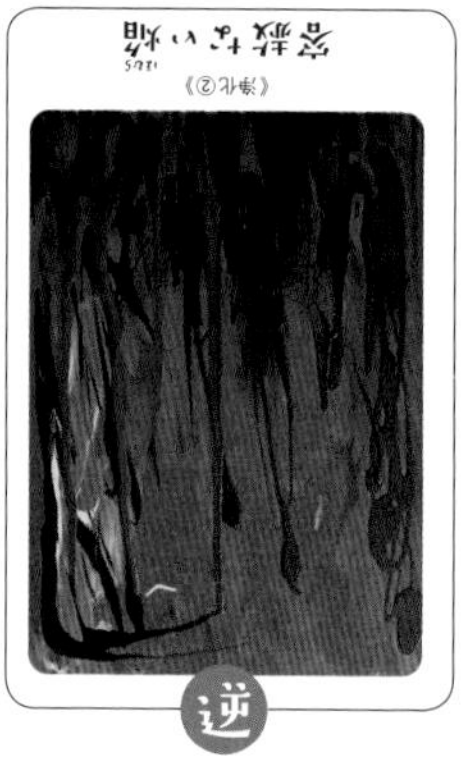

＋

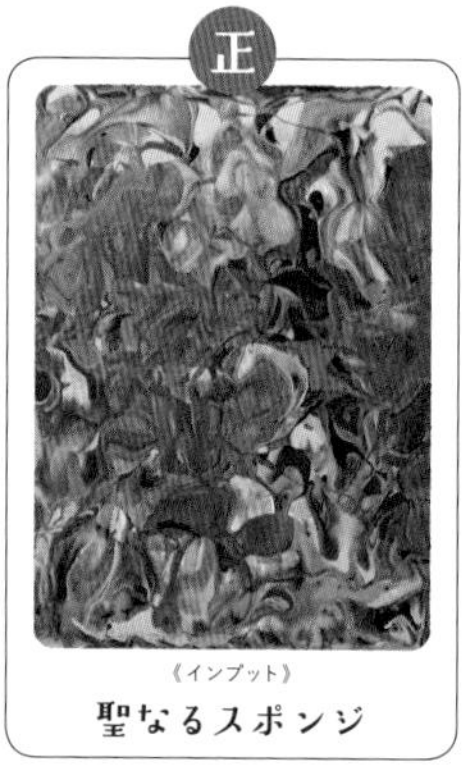

インプット

聖なるスポンジ

楽しさ

＋

格が上がる

黄金の羽衣

ありのまま、弱さ

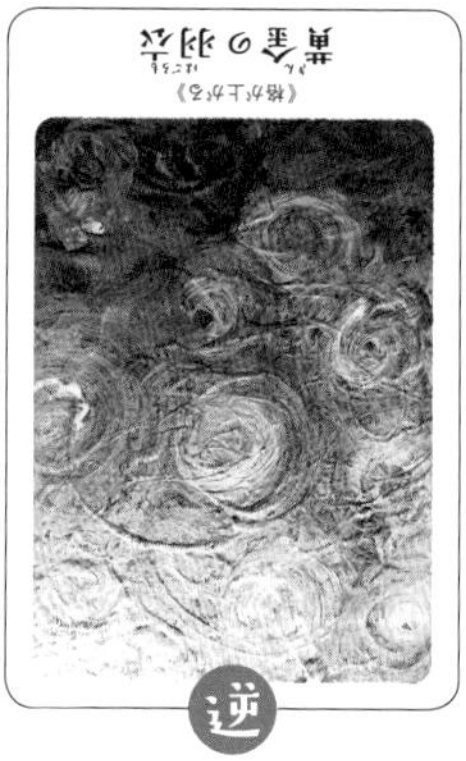

別れてしまった原因②

彼にパートナーがいる場合

すでに彼女がいる場合は主導権は彼です。最初は『容赦ない焔』の逆位置で修復を試してください。そして、彼女がいる状況をブレイクスルーするために『大地の荒魂』が威力を発揮。勢いのあるエネルギーを自分に取り込みます。ただ、『大地の荒魂』だけだと強すぎるため、『黄金の羽衣』で女性の魅力をパワーアップさせるエネルギーを取り入れましょう。

浄化②

容赦ない焔

リペア・修復

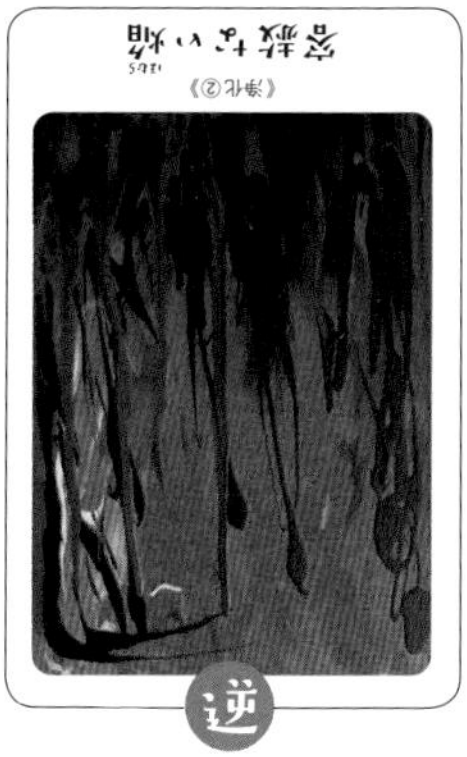

＋

アウトプット

大地の荒魂

ブレイクスルー

＋

格が上がる

黄金の羽衣

華やかさ

RECIPE 2

お金・仕事にまつわる願いを叶える

お金も仕事もエネルギーが宿るもの マインドブロックが願いを邪魔していることも

誰しも自分に合った仕事でお金を稼ぎたいと思っているのではないでしょうか。お金と仕事の関係性は密接。ここではその2つについて願いを叶えるカードレシピを紹介します。

お金に関しては、お金がない、お金が貯まらない、今の貯金額では将来が不安、などの悩みが多いように感じます。お金に不安を抱えている人ほど、お金を使うことに罪悪感を持っている傾向が強いようです。「こんなに使ったらお金がなくなってしまう」という思い込みにとらわれているんですね。

実は私自身もそうでした。結婚してからは、自分のためにお金を使うことに臆病になっていて「使ったらあかん」という思い込みのもと節約命の生活です。だからといって、お金が貯まったかというとそうでもないんです、これが……。

なぜ、節約しても金運が上がらないのでしょうか。それは、お金は居心地のいいところや、自分を愛して循環させてくれるところに集まるから。お金もエネルギーです。受け取るにはポジティブな気持ちでいることと、受け取ったらそのエネルギーを回さないと金運は巡ってきません。お金を得ることや使うことに罪悪感を持ち、入ってきたら使わずに貯め込むのでは、永遠にお金はあなたのところにやってきませんよ。

次頁からはお金へのマインドブロックを取り払い、お金に愛されるエネルギーが循環する方法を教えます。

仕事に関しては、そもそも、自分にどんな仕事が合うのかがわからない人も多いかもしれません。そんな人は、まずは『はじまりの種』のカードで探ってみてください。

ここでは、今の仕事についての具体的な願いとして「仕事で評価をされたい」「もっとうまく回したい」と考えている人に向けてのレシピを考えました。

金運を上げてお金持ちになりたい

なぜ、金運が下がっているのか――その原因を考えて、よくある３つあげました。それぞれの原因別に改善へ導くカードレシピを紹介します。

うまくいっていない理由 ①

お金があると人から悪く思われる

お金を持っていると妬《ねた》まれる、あるいはマイナスな感情を人から受けてしまうのでは、という強いマインドブロックを持っている可能性があります。恋愛の悩みの頁と同様、マインドブロックを解除するには『容赦ない焔』で焼き尽くし、『いつくしみの大樹』の逆位置で考えすぎない思考を取り入れてください。使うことに罪悪感がある人にも効果的なレシピです。

浄化②

容赦ない焔

焼き尽くす

＋

育てる

いつくしみの大樹

考えすぎない

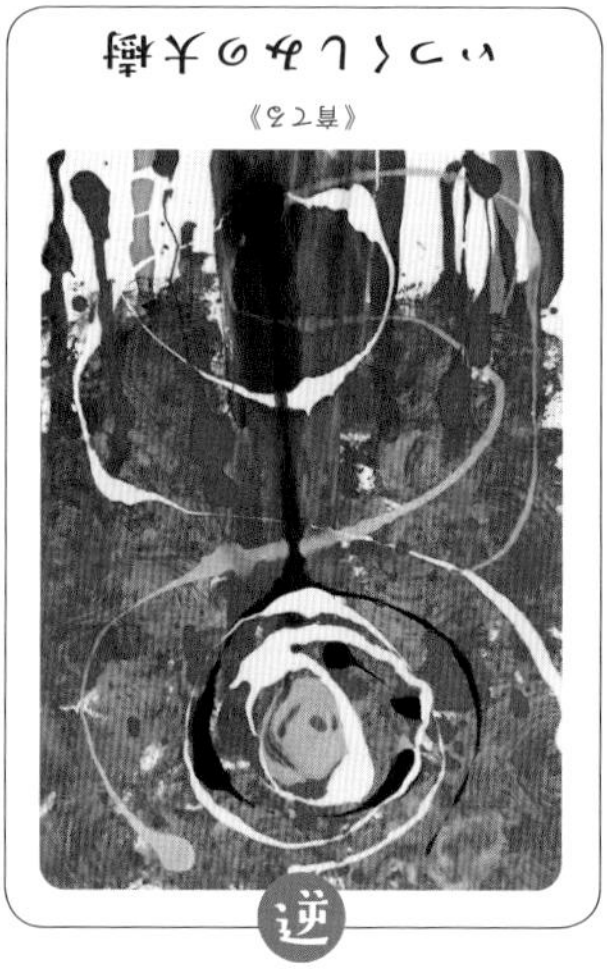

うまくいっていない理由②

お金を得るには苦労が必要と思っている

お金は汗水流して得るもの、苦労の結果で得るものと思っていませんか？「お金＝苦労」ではなく、お金は楽しいものだと思ってください。『聖なるスポンジ』で楽しい気持ちを膨らませます。このとき、お金があるとこんなに豊かで楽しくなるということをイメージして。そして『鎮守の森』でお金に真摯《しんし》に向き合うエネルギーも取り入れましょう。

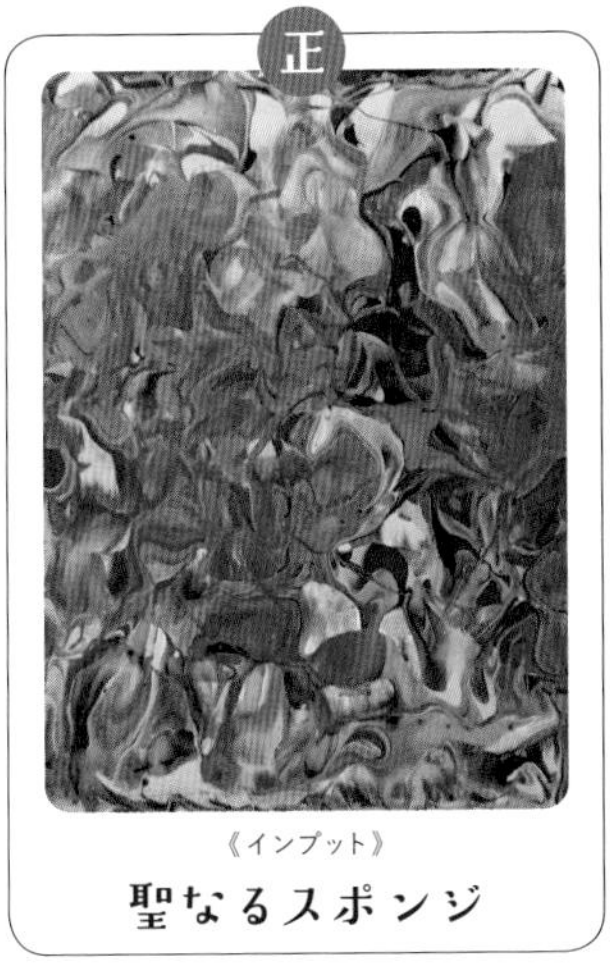

インプット

聖なるスポンジ

楽しさを膨らませる

＋

浄化①

鎮守の森

真摯な気持ち

うまくいっていない理由③

お金との縁つなぎができていない

いわゆるお金と縁がないと感じている人への改善レシピ。『はじまりの種』は出会いのきっかけを呼び込むエネルギーを持っています。このカードは金運の縁を繋ぐとともに、マイナスの状態から抜け出す方向性を示してくれるはず。また、より強固な縁を引き寄せるように『黄金の羽衣』をプラスエネルギーにして、金運をさらに自分の味方につけましょう！

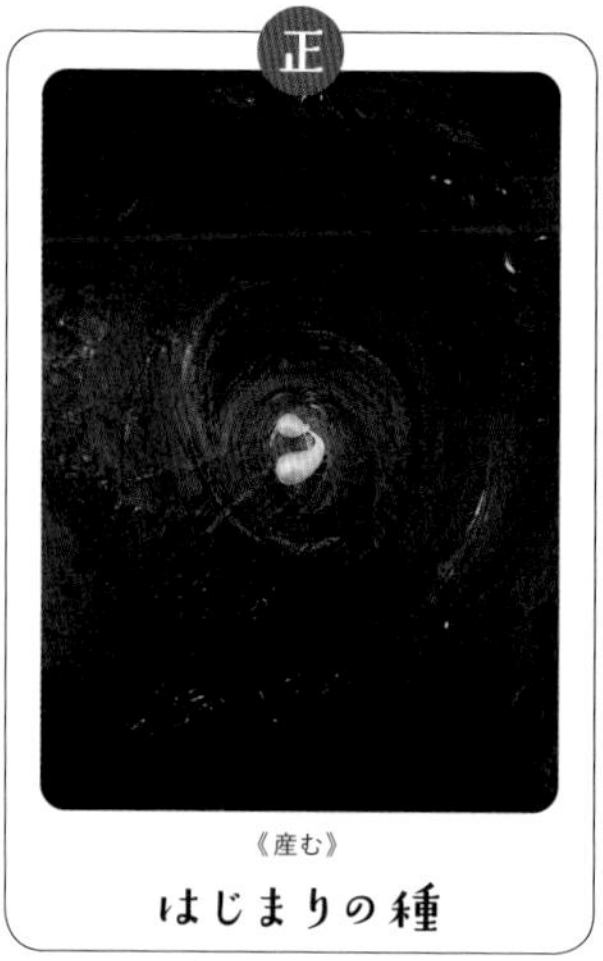

産む

はじまりの種

縁のきっかけをつくる

＋

格が上がる

黄金の羽衣

もうひと馬力頑張る

もっと評価されたい

仕事で上司や同僚から認められ評価されたいのに、なぜか自分が思うような結果が得られない。そんなジレンマから解放されたい人におすすめ。

うまくいっていない理由①

見てもらえていない、気づいてもらえていない

真面目に仕事をしていても、その成果に気づいてもらえていないと感じるなら『鎮守の森』でエネルギーを切り替えて、周りから一目置かれる雰囲気をつくりましょう。『黄金の羽衣』をプラスすれば、より自分の強みを引き出すことができます。メンバーの中で埋もれて気づかれていないと感じるなら『ふるいの門番』を足して、研ぎ澄まし力をアップしてもOK。

正

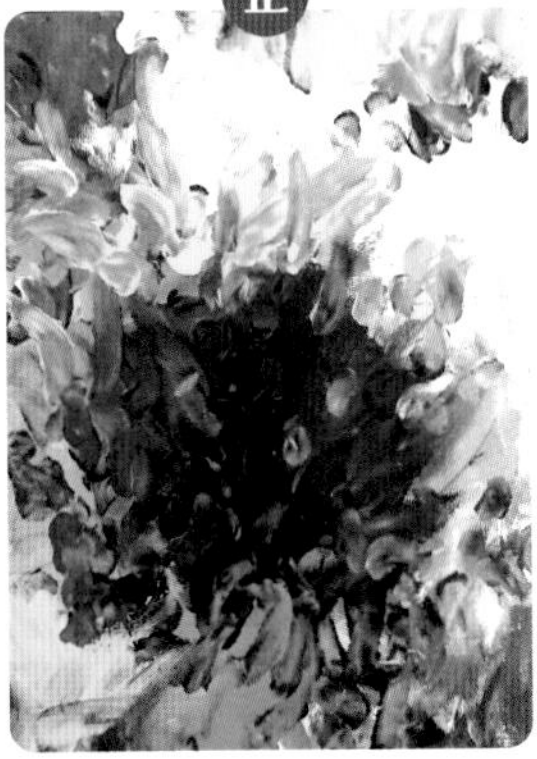

《浄化①》

鎮守の森

浄化①

鎮守の森

切り替える

＋

格が上がる

黄金の羽衣

ステージアップ

正

《格が上がる》

黄金《きん》の羽衣《はごろも》

うまくいっていない理由②

ライバルに勝ちたい

仕事でライバルよりも活躍したいのなら、『ふるいの門番』であなたの実力をふるいにかけて磨き、精査します。このカードは良い部分をピンポイントで抽出するパワーがあります。『大地の荒魂』の逆位置は修業や特訓などの意味があり、磨き抜いた力をさらに育てていくことができるでしょう。ライバルを気にすることなくあなたの力が発揮できるはずです。

浄化③

ふるいの門番

磨いていく

＋

アウトプット

大地の荒魂

修業・特訓

うまくいっていない理由 ③

思うようにキャリアアップできない

成長するために学びが足りないのなら『聖なるスポンジ』の逆位置で知識を吸収します。それだけでなく、知識を膨れ上がらせたところで『いつくしみの大樹』の出番。一度限りの成長ではなく、継続して上を目指していけるよう、このカードのエネルギーを使ってください。あなたの学んだ努力が着実に広がり、キャリアアップへ繋がっていくでしょう。

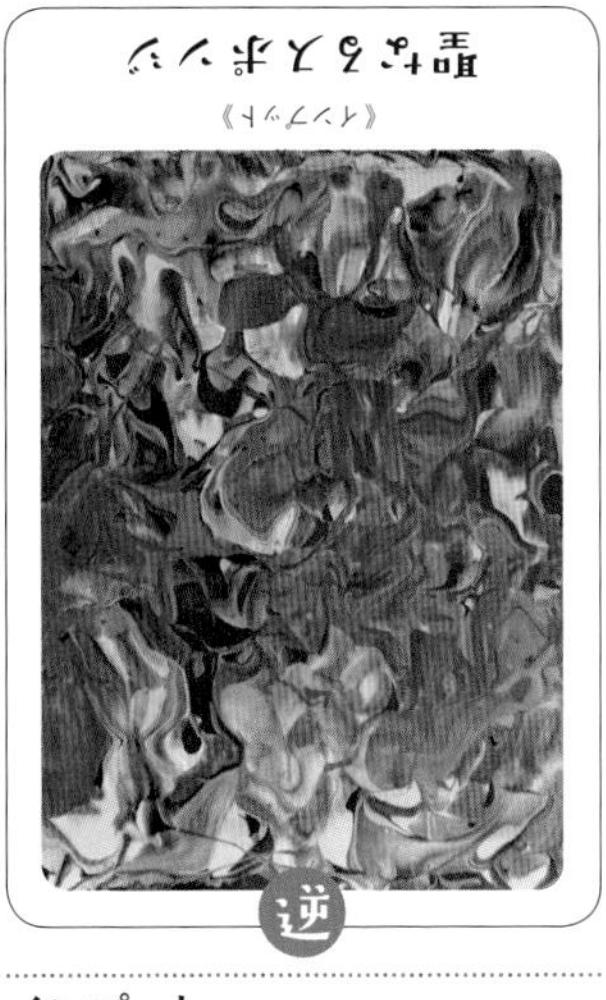

インプット

聖なるスポンジ

知識を吸収

＋

育てる

いつくしみの大樹

広がり育てていく

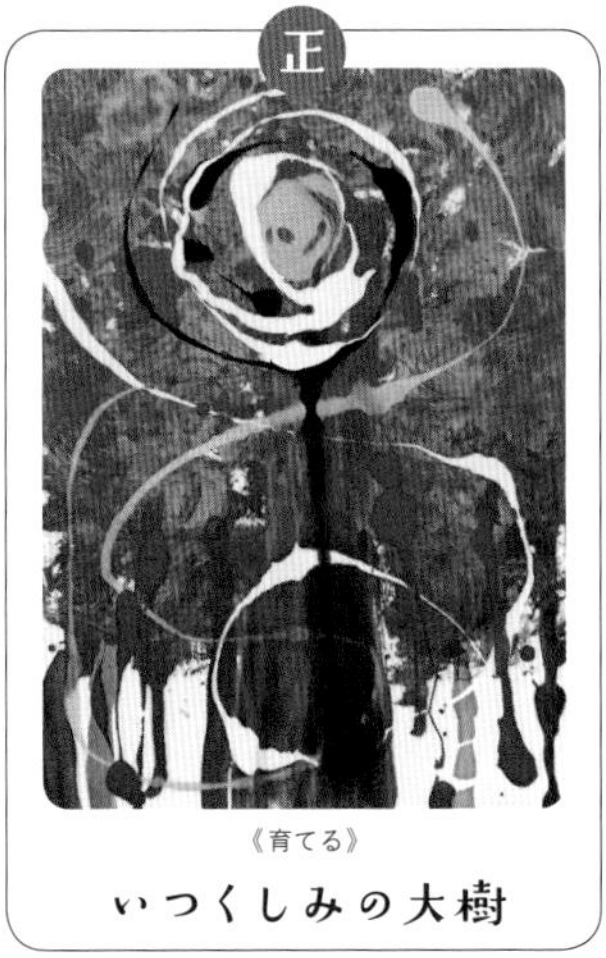

RECIPE 3

心にまつわる願いを叶える

自分では気づけない不調の元を教えるレシピ
過去の傷や今の悲しみを浄化して、癒やす

悩みの中でも「心にまつわる悩み」は一番、難しく繊細な問題かもしれません。「今、自分のこんなメンタルをこんなふうに改善したい」とはっきりわかっている人は不調であっても、まだいいんです。難しいのは、不調の理由を自分でも気がついていない人。恋愛や仕事だと、うまくいっていないことを肌で感じやすいものですが、心の不調になると、過去のトラウマをなかったことにしようとしがちです。

誰しも、昔あった嫌だったこと、傷ついたことは思い出したくないもの。それで記憶の奥の方に追いやって、なかったことにしてしまうのですね。でもね、追いやっているだけなので、結局なくなってはいません。

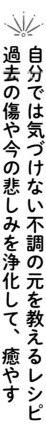

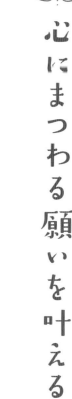

そんな状態をワーク４の「傷つく都度、自分と向き合う」の中で「テーブルにこぼした牛乳」と表現しましたが、まさにこのこと。

「なんか臭くて嫌な感じやけど、何が臭いのかわからへん」という感じです。ニオイの元をしっかり取り除かないとずっと嫌な感じは残ってしまうんですよね。そのニオイの元を探そうと思い始めたときにも試してほしいレシピです。

傷ついた思い出や悲しかった出来事がカードのエネルギーで癒やされ、浄化されていくでしょう。浄化する過程で辛かった思い出がフラッシュバックしたり、体が熱くなったり、頭痛がしたりと刺激があるかもしれません。でも、それは好転反応。癒やされ始めた印なので、安心して。

でも、辛くなりすぎたら一旦カードから離れてください。ひと息ついて、またカードに触れたくなるまで待ちましょう。

恋愛やお金、仕事の願いにまつわるレシピで思うような効果が得られなかった場合は「心にまつわる願い」のレシピをぜひ試してみてください。これまで蓋をしていた自分の感情に出会えるかもしれません。

メンタルを強くしたい

落ち込みやすかったり、前向きに考えられなかったり。そんな悩みには、
メンタルをポジティブに変換できるエネルギーを受け取ってください。

うまくいっていない理由 ①

意識が不安に向いてしまう

ネガティブなマインドやこれまでの良くない状況を断ち切ってくれるのが『鎮守の森』のカード。神聖な森のエネルギーがあなたを包み、浄化してくれます。このカードを使うときは、心が落ち着く静かな森に包まれて安心できる姿をイメージしてみてください。不安な気持ちが湧いたときも、このカードのエネルギーがバリケードをはって守ってくれます。

浄化①

鎮守の森

ネガティブバリケード

正

《浄化①》

鎮守の森

うまくいっていない理由②

成果が出なくて焦ってしまう

　ここでは３枚のカードのエネルギーを使います。まずは『大地の荒魂』で、自分の力をアウトプットしましょう。そこに『はじまりの種』でアイデアの種を植えつけます。このカードにはチャンスを掴むエネルギーもあるのでおすすめ。そして、『聖なるスポンジ』で２つの要素をさらに膨らませていきます。自信と結果があなたに訪れるレシピです。

アウトプット

大地の荒魂

表現・実行力

＋

産む

はじまりの種

チャンスを掴む

＋

インプット

聖なるスポンジ

膨らませる

悲しみを乗り越えたい

どうしようもなく悲しい状態や、辛い現状から抜け出せるエネルギーを味方につけて。現在と過去、２つの悲しみに対するカードレシピです。

悲しみの種類 ①

今、乗り越えないといけない悲しみ

　最近起きた出来事や今現在、悲しみで胸がいっぱいになっている人に試していただきたいレシピ。『容赦ない焔』を使うときは、今すぐにでも取り除きたい傷が治っていくイメージを浮かべながらエネルギーを受け取ってください。治すだけでなく、自分の身を守る意味を持つ『ふるいの門番』を使って、安心して立ち直っていける環境をつくります。

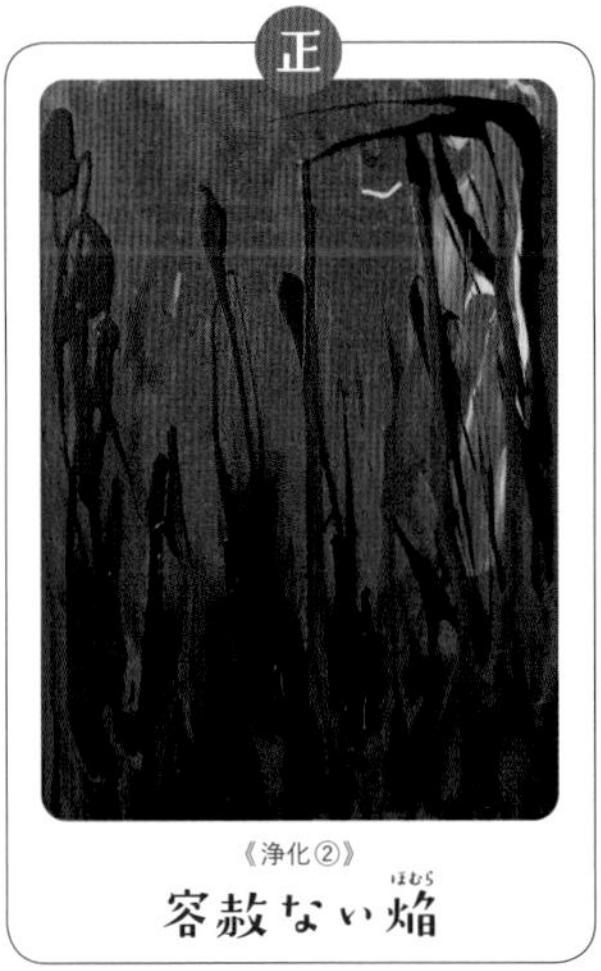

浄化②

容赦ない焔

縛りつけている縄を解く

＋

浄化③

ふるいの門番

自分を守る、安心する

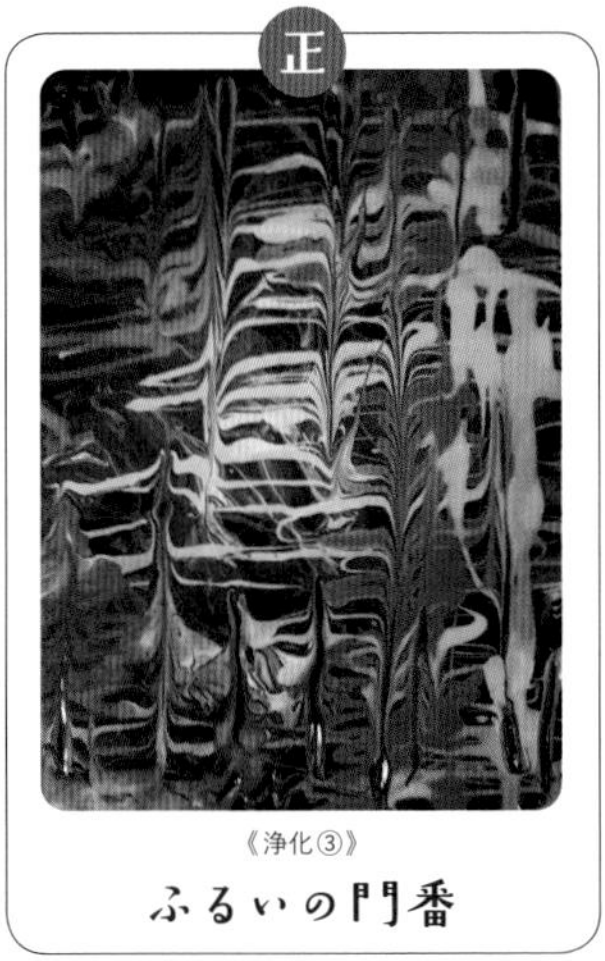

悲しみの種類 ②

過去のトラウマを乗り越えたい

まず、自分と向き合い、このレシピに辿り着いてくれてありがとうございます。何度も思い出してしまう悲しみは『容赦ない焔』で焼いてお焚《た》き上げしましょう。ここですでに浄化が始まります。過去のトラウマを浄化して更地になったら、『はじまりの種』があなたをこれから進むべき新しい方向性に導いてくれるでしょう。恐れずに進んでください。

正

《浄化②》
容赦ない焔《ほむら》

浄化②

容赦ない焔

お焚き上げ

＋

産む

はじまりの種

新しい方向性

正

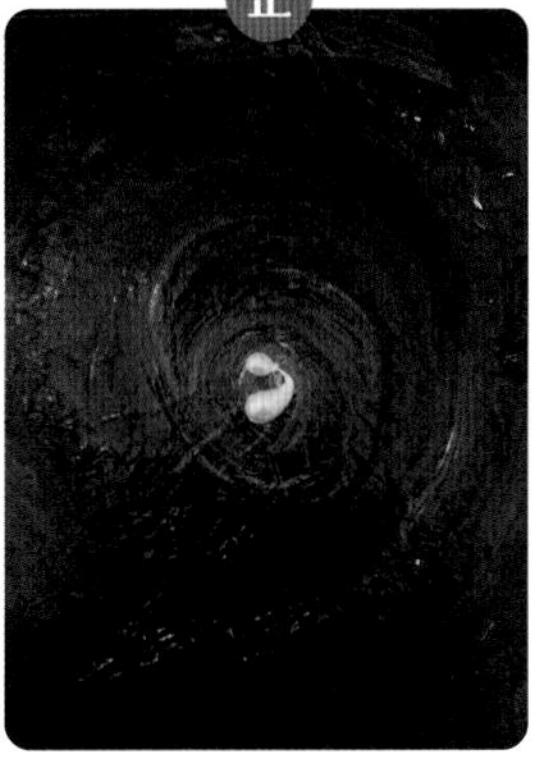

《産む》
はじまりの種

RECIPE 4

人間関係にまつわる願いを叶える

今、あなたに必要のない人間関係を絶てば本当に必要な出会いが巡ってくる

切っても切れない人間関係。あなたを良い方向に導くのも、悪い方向へ導いてしまうのも人が関わってきます。

これも私の経験談ですが、プラスのエネルギーを受け取ると、おもしろいくらい人間関係が変わってきます。すごく仲の良かった人が離れたり、何年も連絡を取っていなかった人と繋がったり。そして、エネルギーを受け取る前には考えられないような憧れの人と知り合いになったり……。

私もエネルギーを受け取る前、すごく仲良くしていた仲間がいました。でも、パ

ワーストーンの世界に足を踏み入れて、ＳＮＳにストーンをアップしたら蜘蛛の子を散らすようにいなくなったのは前述したとおりですが、相手から離れていった関係ならまだいいんです。問題は、私がパワーストーンやリーディングを始めてお金を得るようになってから、今まで仲の良かった一部の人たちから妬《ねた》みといったネガティブなエネルギーを感じるようになったこと。「前まで同じような環境の中で一緒にいたのに、ひとりだけ抜けてずるい！」という感じですね。

でも、エネルギーを受け取ってからは、やりたいことがどんどん溢れてきて、ネガティブな人間関係に構えなくなったんです。「私はやりたいことがあんねん！ほっといて」みたいな。少し前までは、その仲間と一緒にいるためにこまめに連絡を取ったり、気を使ったりしていたのに。それで、結果的に自分にとってネガティブな縁はすべて切れたんですね。

自分が望む人生を歩み始めると、これまでとはまったく異なる人間関係が生まれてきます。そこで出会ったポジティブな人たちは、あなたにとって必要な人。でも、必要な人と出会うには、今あなたに必要のない人と離れることが大事。運が好転していく人間関係をこのレシピで掴んでください。

苦手な人と距離をとりたい

嫌な人、苦手な人と離れたいときに効果を発揮するレシピを考えました。
「角を立てずにそっと離れる」と「完璧に関係を切る」の２パターンです。

対処法 ①

やんわり距離をとりたい

　嫌な人間関係から離れたいときにテッパンなカードは『鎮守の森』。バリアを張り、相手が自然と去ってくれるエネルギーを持っています。職場や近所、親戚など、苦手だけど今後も付き合わなければならない距離の人たちには『黄金の羽衣』を入れてみて。このカードを使うと優しさや柔らかさが出て、角を立てずに自然と関係に距離ができてきます。

浄化①

鎮守の森

バリアを張る

＋

格が上がる

黄金の羽衣

優しさ、柔らかさ

対処法 ②

強固にブロックして遠ざけたい

『鎮守の森』は相手から去るのを待つ感じですが、『ふるいの門番』は相手を厳選して振り落とすエネルギーがあります。離れたい相手が空気を読めずガツガツくるタイプにもこのカードが効きます。二度と会いたくないのなら『黄金の羽衣』を正位置でプラスして。『ふるいの門番』のエネルギーが強いので『黄金の羽衣』を逆位置にして少し効果を弱める使い方も。

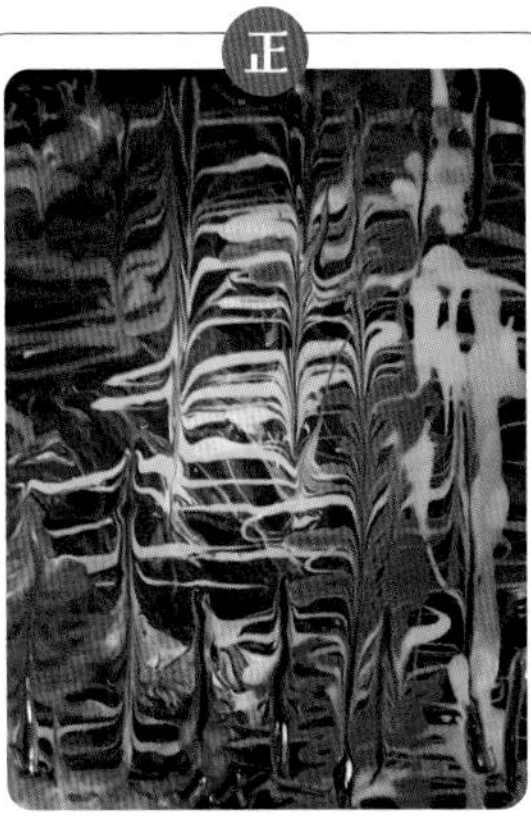

《浄化③》
ふるいの門番

浄化③

ふるいの門番

自ら選ぶ

＋

格が上がる

黄金の羽衣

パワーを補充する

《格が上がる》
黄金《きん》の羽衣《はごろも》

本当の仲間が欲しい

新しい世界へ導いてくれる仲間や、心から信頼できる友達が欲しい。そんな仲間と出会えるための、あなたに必要なエネルギーカードはこちら。

うまくいっていない理由 ①

人への警戒心が強い

友達が欲しいのに、「学歴の高い人がいい」「オシャレな人がいい」など無意識に条件づけしていませんか？　また、「この人は裏切らないだろうか？」と最初から不安を持ったり。そんな警戒心は『鎮守の森』の逆位置で解きます。そして『ふるいの門番』の逆位置で過度に出てしまう警戒心のオーラを取り除きましょう。2つのエネルギーを味方につけて。

浄化①

鎮守の森

疑うより信じる

＋

浄化③

ふるいの門番

取り除く

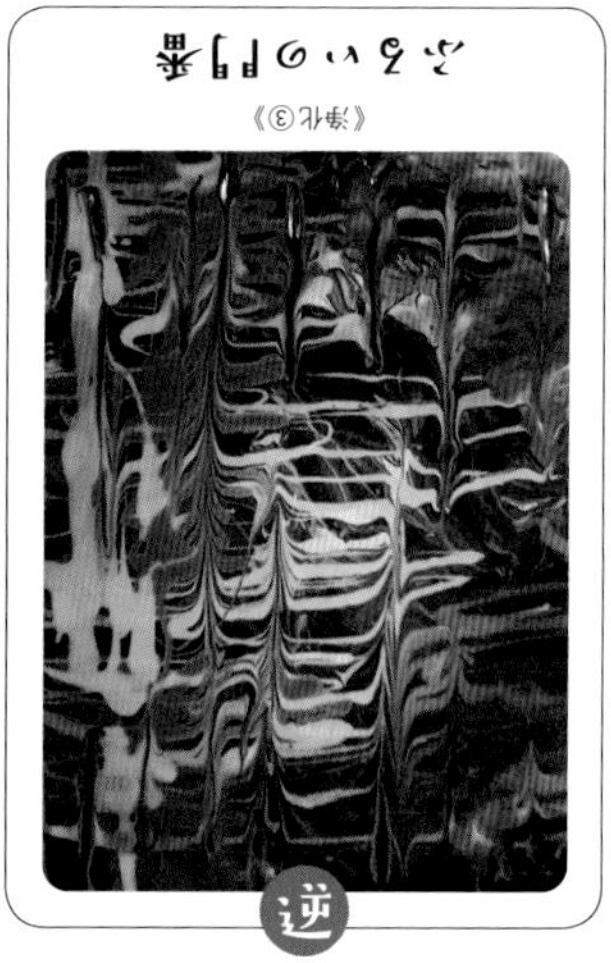

うまくいっていない理由②

親しみやすさが不足している

なんとなく話しかけにくい雰囲気を持っている人っていますよね。もしかしたら、あなたがそうなっているのかも！　『黄金の羽衣』のエネルギーで優しさや柔らかさのエネルギーに包まれてください。華やかで優しい雰囲気があれば人は近づきやすいものです。そして「いつくしみの大樹」でその出会いを信頼し、長続きできる関係を築きましょう。

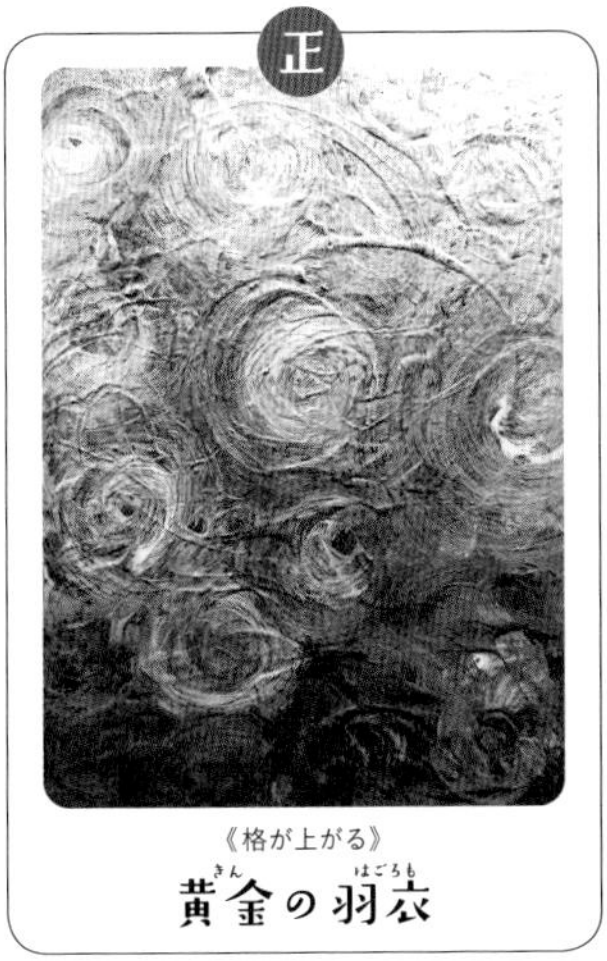

格が上がる

黄金の羽衣

優しさ、柔らかさ

＋

育てる

いつくしみの大樹

人脈を築く

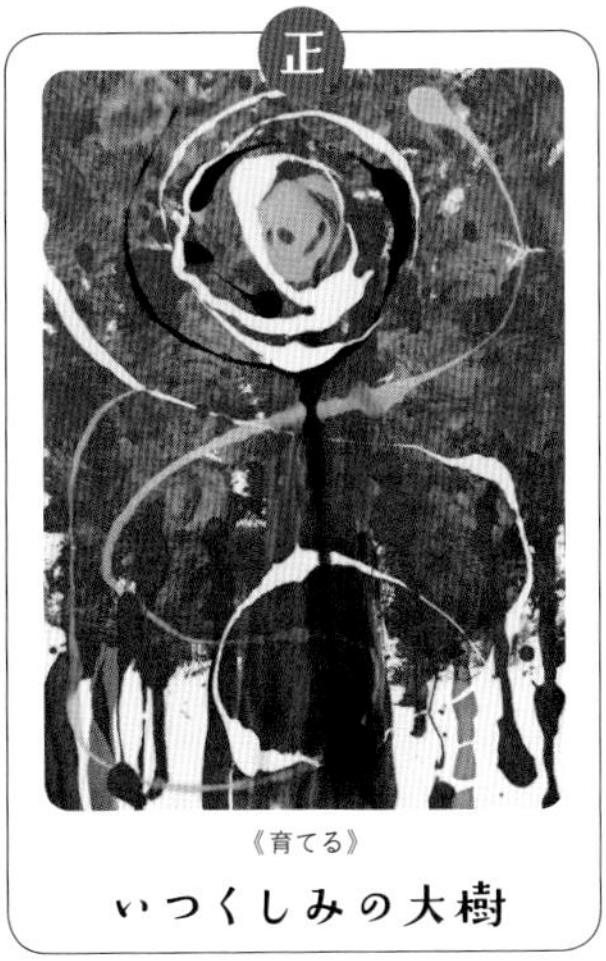

Column 3
エネルギーバンパイア対策の話

「この人と話すと、なんか疲れる」は
エネルギーを吸い取られてるかも！
いい人や親友でもバンパイアの
可能性ありまくり
おまけに本人も気づいてないから
やっかいで…

それでも対策法を教えます

「エネルギーバンパイア」って知ってます？人のエネルギーを吸血鬼のごとく吸って自分が元気になっちゃう人のこと。コンセントを人にさしてエネルギーを溜めちゃう感じです。ミラが思うエネルギーバンパイアは3種類。

① 見るからに嫌な空気を出している人
② 一見、いい人
③ あなたのことを好きでひとり占めしたい人

①はわかりやすく、店で店員さんに怒鳴り散らしているとか、理不尽なクレームをネチネチ言っているとか、見た瞬間に「近づかんとこ」と思う人です。このタイプの対策は簡単、「近づかないようにする」です。

②はやっかい。あなたをロックオンしているわけではないけれど、職場やママ友や習い事の仲間などコミュニティの中で自分が一番になりたい人。一見、面倒見もいいし親切だから、「話すとなんか疲れるけど、いい人だし……」と思いがち。でもね、疲れている時点でエネルギーを吸い取られています。まずは「この人はエネルギーバンパイアだ」と気づいてください。

③は一番やっかいで、あなたをガッツリとロックオン。好かれることはいいけれど、あなたが他の友達と遊ぶと機嫌が悪くなったりと、独占欲や執着を感じたらエネルギーバンパイアの可能性大です。

②と③の対策はできるだけ距離をとること。連絡の返信や会う回数を減らしたり、会話を短めに切り上げたり。エネルギーバンパイアはエネルギーが吸えないと気づくと、無意識に相手を替える傾向があるのです。

Epilogue おわりに

ここまで読んでいただきありがとうございます。

この本を手に取ってくださった時点でミラとご縁があったのだと思います。

ごく普通の主婦だった私がプラスのエネルギーを受け取り、〝エネ魂〟の質が向上したことで、どんどん人生が変わり好転して、夢も仕事も人間関係もお金も掴んだこの経験をひとりでも多くの方にお伝えしたいと思い、この本を出版する運びとなりました。

誰しも、「もっと人生をよくしたい」「毎日を今より楽しくしたい」と考えているのではないでしょうか。でも、あなたを取り巻く環境や無意識のマインドブロックが幸運への一歩を踏み出せなくしています。まず、これに気がついてほしい！

最後にどうしてもお伝えしたいのは、「この本を読んだから」「カードを使ったから」だけでは運は好転しません。一度、自分をブロックしているものは何か、きちんと向き合うこと。それからワークを繰り返し行い、カードに触れてください。

大丈夫。幸せのエネルギーはあなたのすぐそばにありますから。

この本とエナジーカードが皆さまにとって、エネルギーを受け取る入り口になれたのなら、ほんまに嬉しいです。

最後に、この本の出版にあたって、皆さまに見やすく伝わりやすい形をともに考え、ご指導くださったＳＢクリエイティブの小澤さんとエディターの中屋さん、素敵なデザインをしてくださった白畠さん、可愛いイラストを描いてくださったすぴあやかさん。また、この出版への道を照らし、いつも温かくご指南くださっている占いプロデューサーの大熊さん。そして、いつもYouTubeなどで私を応援してくださっている大切な大切なご視聴者さま、この本を手に取ってくださった皆さまに心から感謝いたします。

ありがとうございます！

令和2年9月

愛を込めて　ミラアトラクション

ミラアトラクション／Milla_attraction

大阪府大阪市生まれ。

エネルギー創造アーティスト。

YouTube は登録者数約 3 万人、再生回数 500 万回超。いま注目の大人気スピリチュアル YouTuber。

カードやストーンのエネルギーを組み合わせ、その人に合ったパワーを込めて届ける。2018 年 2 月に発売された『エナジープロデュースカード』は発売後、即売り切れ。ショッピングサイトでは、発売から半年で占い部門売れ筋ランキング 1 位を獲得している。自ら作成しエネルギーをカード 1 枚 1 枚に込めているため、購入者からは「本当にあたたかく感じるくらいのエネルギーに驚きました！」との声が多数。

✦ YouTube ミラアトラクション
https://www.youtube.com/channel/UCBroivAla26CzoLd3zq10sQ

ブックデザイン✦白畠かおり

イラスト✦すぴかあやか

校正✦聚珍社

編集協力✦中屋麻依子

出版プロデュース✦大熊努（アイプロップス）

編集担当✦小澤由利子（SBクリエイティブ）

魂のメッセージをキャッチすれば
あなたの望む人生が手に入る

エナジーカードの魔法

2020年9月26日　初版第1刷発行

著　者　ミラアトラクション
発行者　小川　淳
発行所　SBクリエイティブ株式会社
〒106-0032 東京都港区六本木2-4-5
電話 03-5549-1201（営業部）

印刷製本　株式会社シナノ

本書をお読みになったご意見・ご感想を下記URL、QRコードよりお寄せください。
☞ https://isbn2.sbcr.jp/06473/

落丁本、乱丁本は小社営業部にてお取り替えいたします。
定価はカバーに記載されています。
本書の内容に関するご質問等は、小社学芸書籍編集部まで書面にてお願いいたします。

　ISBN 978-4-8156-0647-3

オリジナル
特典

運とエネルギーを操る

ミラエナジーカード

1枚ずつエネルギーを込めて描いた、
あなたの人生に魔法をかける「ミラエナジーカード」。
8枚それぞれ正位置・逆位置と異なる、すごいパワーを秘めています。

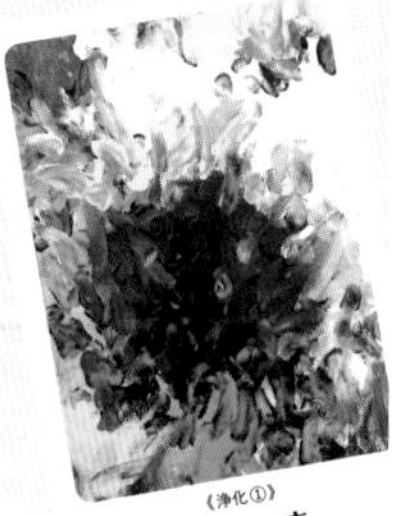

《浄化①》
鎮守の森

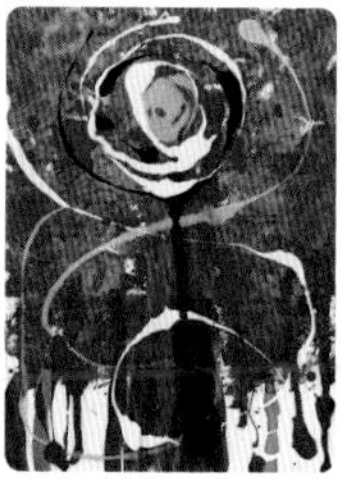

《育てる》
いつくしみの大樹

《産む》
はじまりの種

【カードの使い方】

「ミラエナジーカード」は8枚に切り離してから使用してください。並べて「触れたくなる」「気になる」というカードが今、あなたに必要なエネルギーです。本文中の解説やレシピ集を参考にしたり、毎日引いてメッセージを受け取ったり、転写したり――いろいろな使い方ができます。

《浄化①》

鎮守の森

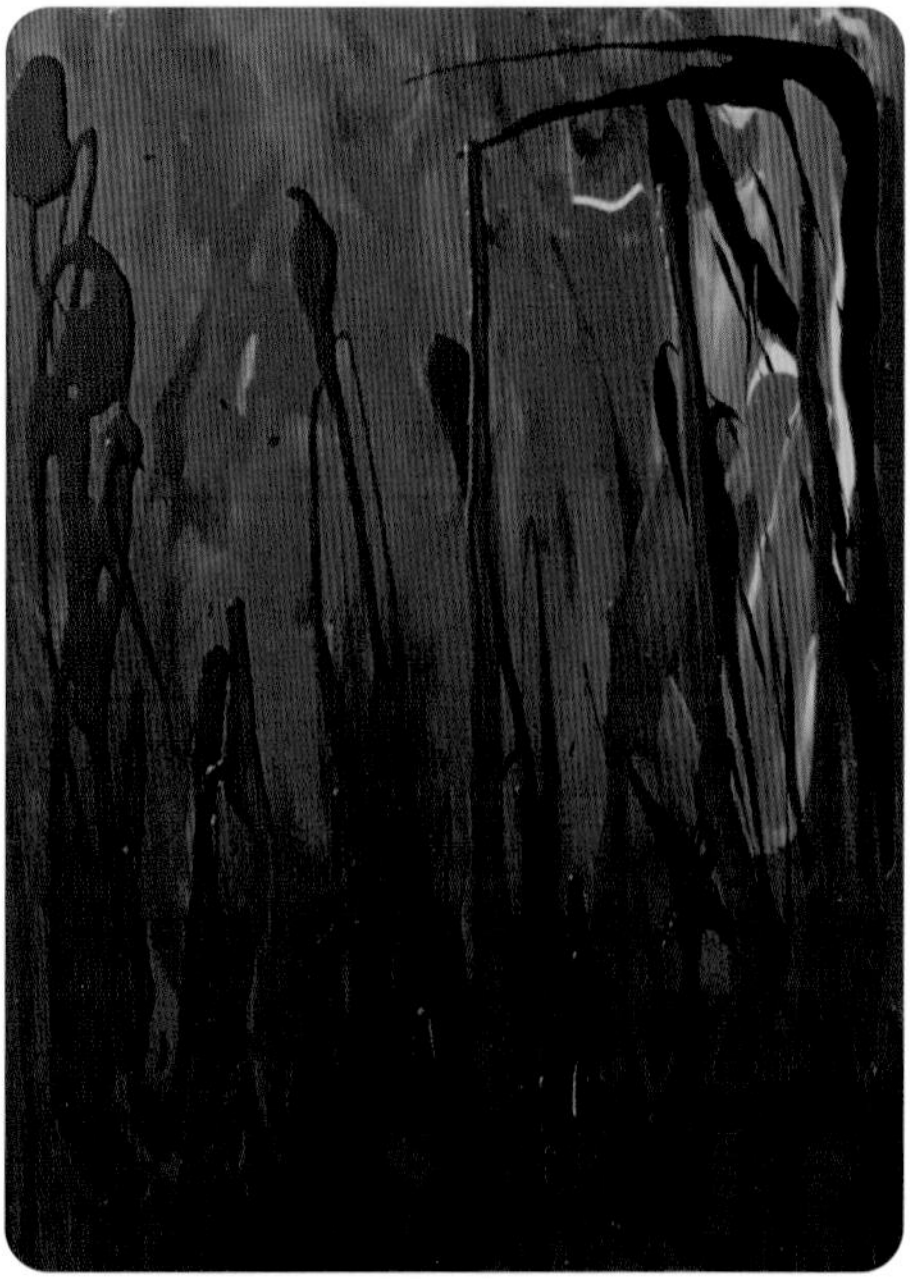

《浄化②》

容赦ない焔《ほむら》

《浄化③》

ふるいの門番

《インプット》

聖なるスポンジ

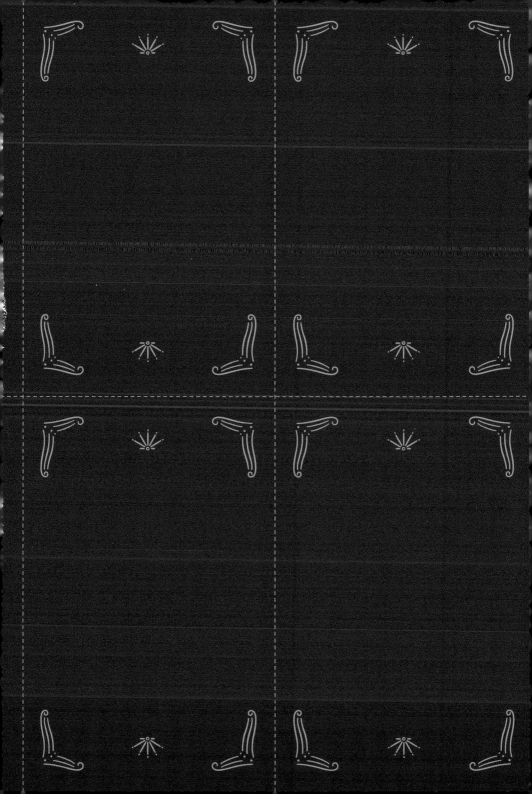